MARTIN LUTHER KING
un corazón libre

José Luis Roig
Carlota Coronado

Directora de la colección: Mercedes Álvarez

© 2001 by José Luis Roig y Editorial Casals, S. A.
Tel. 902 107 007
www.editorialcasals.com
www.bambulector.com

Diseño de cubierta: Bassa & Trias
Fotografías: Aci, Aisa, Age-Fotostock, Corbis, Getty-Images
Ilustraciones: Farrés, il·lustració editorial

Cuarta edición: octubre de 2010
ISBN: 978-84-218-4335-2
Depósito legal: M-43.780-2010
Printed in Spain
Impreso en Anzos, S. L. Fuenlabrada (Madrid)

Cuaderno documental de Pedro Gimeno Capín.

A todos aquellos
que tienen un corazón libre.

Ha nacido un líder

Daddy[1] King paseaba de un lado para otro por el pasillo de la casa de sus suegros, los Williams, situada en la avenida Auburn en Atlanta. Estaba nervioso. Quería saber si todo iba bien. En ese momento salió el doctor de la habitación donde se encontraba su mujer. *Daddy* King le preguntó por el estado de su esposa.

—¿Qué tal está? ¿Cómo se encuentra?

—Tranquilo, todo irá bien —le dijo el médico—. Lo mejor que puede hacer es salir al jardín a tomar un poco el aire.

—Como usted diga, doctor —contestó el ansioso padre, intentando mantener la calma.

Transcurridos unos minutos, King volvió a la puerta del dormitorio. Intranquilo, aplicó el oído a la madera para saber qué ocurría dentro. No oía más que la respiración fuerte de su esposa unida a la voz del doctor que decía una y otra vez:

---

1. *Daddy* y *Mammy* son expresiones inglesas familiares y cariñosas equivalentes a las españolas «papi» y «mami».

—Empuje, empuje. Eso es. Con fuerza. Una vez más —*Daddy* King volvió a deambular por el pasillo, mientras trataba de tranquilizarse dándose ánimos en voz alta.

—Tranquilo, Mike —se decía a sí mismo—. Ella está bien y tú no estás nervioso. Eso es. Tranquilo —repetía mientras respiraba hondo, como si fuera él quien estuviera de parto—. No es el primer hijo que tienes. Christine está a punto de cumplir dos años. ¿Será niño o niña? Me gustaría que fuera niño: el primer hijo varón de los King. Suena bien. Bueno, y si es niña... No pasa nada. Lo importante es que salga sano... o sana.

Tras haberse dado ánimos para recuperar la calma, *Daddy* King se acercó de nuevo a la puerta atraído por la curiosidad. Su mujer, Alberta, gritaba. Después de los gritos, se hizo el silencio. Después del silencio, el sonido de unas palmadas y el llanto de una criatura. A continuación, el doctor salió de la habitación para dar la noticia.

—Enhorabuena, reverendo King: ha sido niño. Por su forma de llorar, le garantizo que será un hombre con mucho carácter.

Lo que no podía sospechar el médico que asistió al parto de Martin Luther King, es que éste, además de un hombre de carácter, sería todo un líder que pasaría a la historia como el gran defensor de los derechos de los negros norteamericanos.

Había nacido el primer hijo varón de la familia King. Era el 15 de enero de 1929 cuando el pequeño Martin vio la luz en el dormitorio de sus padres, en el 501 de la avenida Auburn, la casa de sus abuelos, los Williams. En esta casa de dos plantas, con cinco dormitorios, porche circular, techos situados a casi cuatro metros de alto, y una moderna caldera de carbón en el sótano, pasó Martin su infancia, en un ambiente apacible y cómodo. Su padre le bautizó con el nombre de Michael Luther King, Jr., pero todos le llamaban M. L. o *Little Mike* (Miguelito). A los cinco años, en 1934, *Daddy* King decidió cambiarle el nombre por el de Martin. Fue el segundo de tres hijos: la hermana mayor, Christine, era un año y medio mayor que él, y el pequeño, A. D. (Alfred Daniel), era diecisiete meses menor que Martin.

En el año en que nació el protagonista de este libro, 1929, se inició una época muy difícil para la vida norteamericana. Se terminaron los felices años veinte. La década de los treinta estaría marcada por la caída de la bolsa de Nueva York y por una profunda crisis económica que abriría paso a una época de depresión, paro y miseria. Ésta afectaría sobre todo a la población negra de los estados del Sur. Durante la depresión, dos tercios de los hombres negros de Atlanta carecían de empleo. Los primeros recuerdos de Martin eran las numerosas filas que se formaban en el vecindario, tan largas que doblaban la esquina, sólo para obtener pan.

—¿Qué hacen ahí todos esos hombres? —preguntaba el pequeño Martin a su madre.

—Van a buscar pan —contestaba Alberta Williams, la madre de Martin.

—¿Y por qué? —volvía a preguntar Martin, tan curioso como cualquier niño de su edad.

—Porque tienen hambre y no tienen nada para comer.

—¿Y por qué no tienen nada? —insistía Martin.

—Son pobres, hijo —explicaba paciente la madre—. Son tiempos muy difíciles y no hay trabajo para nadie, y menos para los negros.

—¿Y por qué? —volvía a insistir.

—Ya sabrás el porqué cuando seas mayor. Todavía eres muy pequeño para entenderlo —concluía la señora King, tratando de evitar que los porqués de su hijo se hicieran eternos.

Además de miseria y pobreza, los negros de los estados del Sur tenían que soportar unas leyes segregacionistas que suponían su discriminación y la falta de igualdad de oportunidades.

En uno de estos estados nace Martin Luther King: en Georgia, tierra donde la comunidad negra constituía un tercio de la población total. En este mundo dividido, en que cada uno sabía dónde estaba su lugar, creció el pequeño Martin. Pronto tomó conciencia de su entorno y de lo que significaba el color de su piel. Él mismo lo narraba así, años después:

Durante tres o cuatro años, mis compañeros inseparables fueron dos muchachos blancos cuyos padres poseían tiendas en el mismo barrio donde tenemos nuestra casa en Atlanta. De pronto algo cambió. Cuando cruzaba la calle para reunirme con ellos, sus padres me decían que no podían jugar. No eran hostiles, simplemente se deshacían en excusas. No pude aguantarme más e interrogué a mi madre[2].

---

2. Extraído del libro *Martin Luther King y su tiempo*, escrito por Taylor Branch. Grupo Editor Latinoamericano, 1992.

Su madre, una vez más, trató de explicarle por qué la vida no era como él esperaba.

—No puedes jugar con niños blancos; no está bien visto.

—Pero ¿por qué?, son mis amigos —contestó el pequeño Martin sin entender qué había de malo en compartir juegos con niños blancos.

—Porque en el Sur[3] los negros y los blancos tenemos que estar separados. Ha sido así durante siglos.

—¿Por qué? —insistió de nuevo Martin.

—Los negros hemos estado siempre al servicio de los blancos. Ellos nos consideran inferiores. Hace muchos años éramos sus esclavos. Recogíamos algodón en sus plantaciones. Luego hubo una guerra civil entre el Norte y el Sur que acabó con la esclavitud —le explicó *Mammy* King, en un alarde de síntesis histórica, pero sin ocultarle la cruda realidad.

—Y si ya no somos sus esclavos, ¿qué hay de malo en que estemos con ellos?

—Hay algunos blancos que creen que deberíamos seguir siendo sus esclavos y que tenemos que estar apartados de ellos. Nos odian, Martin, tienes que aprender que la vida es dura, y un poco más para nosotros. Debemos resignarnos y aceptar que no tenemos los mismos derechos.

Los padres de Martin Luther King enseñaron a sus hijos a ser comedidos, disciplinados y que si querían llegar a ser

---

3. Se refiere a los estados del Sur de Estados Unidos donde existía una gran segregación racial.

alguien tenían que aprender a sufrir. En cierta ocasión, un vecino de la familia King oyó, desde el porche de su casa, a *Daddy* King dar unos azotes a su hijo Martin mientras le decía:

—Voy a azotarte en el trasero hasta que haga de ti un hombre.

Le golpeaba con un cinturón. Martin aguantaba y no se quejaba. Cuando acabó, *Daddy* King se dirigió al joven vecino y le dijo:

—¿Te ha parecido divertido? ¿Sabes por qué lo he hecho?

—Sí, señor. Usted dijo que quería hacer un hombre de él.

—Pues también voy a hacer un hombre de ti —concluyó el señor King[4].

En la familia de los King la rigidez y la obediencia eran fundamentos importantes para la formación de sus hijos. *Daddy* King trató de educar a su hijo en los principios cristianos en los que él tanto creía. Había nacido en el Sur rural. Creció azuzando mulas, arando la tierra. Era pobre y analfabeto, pero un hombre de principios que se propuso trabajar duramente para salir de la miseria. Se marchó a Alabama donde estudió y se casó con una joven, Alberta Williams, hija de un pastor baptista.

Alberta era una joven tímida y humilde, además de inteligente y aplicada. Estudió en la Universidad de Spelman, donde conoció a Martin L. King, padre. La familia

---

4. Extraído del documental *Martin Luther King. Confidential,* dirigido por John Akomfrah. EE. UU., 1998.

Williams era bastante rigurosa, por lo que Mike, así le llamaban de joven, tuvo que trabajar y estudiar a la vez para ser pastor. Después de seis años de noviazgo, Alberta y Mike King se casaron en 1926.

El padre de Alberta era predicador en la iglesia de Ebenezer y era un hombre muy respetado por la comunidad negra. A su muerte, *Daddy* King le sucedió en el ministerio y, aunque tenía a sus espaldas el prestigio de su suegro, llegó a convertirse en un destacado pastor protestante de Atlanta. Como predicador era práctico, organizado, sincero y profundamente leal con las cosas y personas que lo rodeaban. *Daddy* King era considerado uno de los líderes de aquella comunidad negra.

La familia King iba a ser una de las más respetadas de la próspera comunidad negra de Atlanta. Esto le permitió a Martin vivir en un ambiente privilegiado, que le libró de muchas de las humillaciones de la segregación. Aun así, Atlanta era una ciudad donde imperaban las leyes segregacionistas, por lo que Martin tuvo que soportarlas y aceptarlas. Él mismo lo recordaba con estas palabras:

Había muchas tiendas en el centro. Yo no podía ir a una cafetería y pedir una hamburguesa y un café. Existía un sistema muy estricto de segregación. No había nada que pudiera llamarse integración racial en Atlanta[5].

Poco a poco, el pequeño Martin se fue dando cuenta de lo que significaba ser negro en el Sur de Estados Unidos. En cierta ocasión, Martin y su padre fueron a una

---

5. Extraído del libro *El poder negro*, de Martin Luther King. Ed. Halcón, 1968.

zapatería y se sentaron en unos asientos desocupados, pero reservados para clientes blancos. El dependiente, al verles, se dirigió a ellos:

—Será un placer servirles si pasan a los asientos posteriores.

—No tenemos nada en contra de estos asientos, estamos muy cómodos aquí —contestó *Daddy* King.

—Lo siento —dijo el dependiente blanco—, pero deben cambiarse.

El padre de Martin, agotada la paciencia, contestó al dependiente:

—Bien, o compramos zapatos sentados aquí, o no los compramos.

Cogió a su hijo y se marchó sin comprar los zapatos, mientras murmuraba:

—No sé cuánto tiempo tendré que soportar este sistema, pero nunca lo aceptaré.

Anécdotas como ésta, que dejaron huella en el pequeño Martin, se sucedían continuamente en los autobuses, cines y lugares públicos donde no se permitía la integración racial. Esta misma circunstancia obligó a Martin a ir a una escuela pública para negros en Atlanta.

La rebeldía de un chico elegante

Martin era un muchacho estudioso e inteligente, además de sensible y locuaz. Le gustaban las palabras grandilocuentes y sabía salir de cualquier situación difícil con su labia. Desde pequeño tuvo un intenso deseo de imitar a su hermana mayor, y llegó hasta a adelantar cursos para alcanzar a Christine. Ambos fueron muy buenos estudiantes, al contrario que su hermano menor, Alfred Daniel, que resultó menos aplicado.

Pero lo que los tres hermanos tenían en común era el amor a la abuela Williams, a la que llamaban *Mammy*. Martin, que era el nieto favorito, sufrió mucho al enterarse de la muerte de su abuela.

Fue un domingo de mayo por la tarde. Martin se había escapado de la escuela para ver el desfile militar que se celebraba esa tarde en Atlanta. Un amigo se acercó y le dijo:

—Martin, debes volver rápidamente a tu casa.

—¿Por qué? ¿Qué ha pasado? —preguntó Martin sobresaltado.

—Tu abuela ha muerto.

Martin tardó en reaccionar. En un momento todo se le vino encima: su abuela Williams, había muerto.

—Corre, Martin —se decía—. No se ha muerto. No se ha muerto —repetía una y otra vez entre sollozos—. Ha sido por mi culpa. Por haberme escapado de la escuela.

Martin corría cada vez más. Llegó a su casa casi asfixiado.

—Aún está viva, ¿verdad?

—No, M. L. —contestó su padre—. Ha muerto.

Su abuela se había ido para siempre y él no había podido despedirse de ella. Antes de que su padre pudiera consolarle, Martin salió corriendo escalera arriba hacia su habitación. Allí, en un momento de desesperación, abrió la ventana y se tiró por ella, como había hecho ya unos años antes cuando creyó que su abuela, al caerse al suelo y quedar inconsciente, había muerto. Afortunadamente, la altura a la que estaba la ventana era muy poca y no le ocurrió nada.

Como recordaría años más tarde el propio King, la muerte de su abuela fue un acontecimiento trágico de la niñez que tuvo *un tremendo efecto sobre mi evolución religiosa.*

—No te preocupes, Martin —le consolaba el pastor—, tu abuela aún vive.

—¿Y por qué no puedo verla? —contestó el joven Martin.

—Porque no se encuentra aquí con nosotros —le explicaba su padre—, está en un lugar mejor.

—¿Dónde? —preguntó Martin.

—Tu abuela ha sido muy buena y, como Cristo ha resucitado, su alma ha subido al Cielo —contestó el pastor.

—¿Y si Cristo no ha resucitado? —dijo un desesperado joven Martin ahogado por el dolor—. ¿Dónde está mi abuela entonces?

Estas dudas sobre la vida y la muerte continuarán en

sus años de estudiante en el Colegio Superior Morehouse, uno de los centros escolares para negros más prestigioso de Atlanta. Sus buenos resultados académicos le permitieron ingresar, a los quince años de edad, en este colegio donde cursará sus estudios superiores.

Todas las mañanas, el joven King tomaba un autobús segregado desde la avenida Auburn, que cruzaba el centro de Atlanta, hasta el extenso campus de Morehouse. A veces llevaba su violín a clase para tomar lecciones, según deseos de su madre. Este hecho, y su cuidado atuendo, brindaban una visión impecable del joven Martin Luther King.

En un primer momento, Martin quería ser médico, pero pronto desistió al considerar las ciencias biológicas y las matemáticas demasiado frías para su gusto. Después se decantó hacia el derecho, hasta que decidió seguir los pasos de su padre en el ministerio eclesiástico.

Aunque su padre se alegró por ello, la vida que llevaba Martin en Morehouse no era del gusto de *Daddy* King. Eran los años de la adolescencia, y la rebeldía gratuita de la juventud florecía también en el joven Martin. Morehouse fue el comienzo de una rebelión contra su padre y todo lo que rodeaba la figura paterna.

King se aficionó a vestir bien y a salir con chicas de su edad junto con sus dos mejores amigos, Walter McCall y Larry Williams. Martin era todo un dandi al que apodaban *Tweedie* por su gusto hacia los trajes de *tweed*[6]. Cortejaba a las chicas de forma muy refinada, con palabras altisonantes. La fama de

---

6. Tejido con mezcla de lana.

Martin y de sus amigos como chicos galantes hizo que los estudiantes de Morehouse los llamaran *los seductores*.

Pero Morehouse no sólo significó rebeldía y buenos trajes. Para Martin, Morehouse tuvo una gran repercusión sobre su identidad racial cuando, *por primera vez en mi vida noté que allí nadie tenía miedo*. No es que los estudiantes desafiaran las leyes segregacionistas de Atlanta o no sintieran miedo ante los episodios cotidianos de violencia, pero había una novedad: el temor era cuestionado de forma generalizada.

—Vamos por la calle con un miedo continuo —decía uno de los compañeros de King—. Tememos que alguien nos haga o nos diga algo.

—Aunque lo peor es que se meten con nosotros sólo por nuestra apariencia —añadía otro—. No les hacemos nada, ni siquiera los miramos. No les dirigimos la palabra.

—Nos obligan a bajar la cabeza ante cualquier cosa que digan, aunque sea un insulto —añadió el primero que había hablado.

—¿Por qué tenemos que bajar la cabeza? ¿Por qué hemos de tener miedo? —se preguntaban todos.

El hecho de cuestionar ese temor ya era un primer paso, sobre todo si se tienen en cuenta los tiempos que corrían. Eran los años de la guerra fría. El mundo había quedado dividido en dos grandes bloques después de la segunda guerra mundial. En ella también habían luchado los soldados negros norteamericanos, y ahora éstos exigían que, en su propia patria, se les concedieran los mismos derechos por los que habían luchado en el extranjero. Los blancos se opusieron a estas exigencias, especialmente en el Sur, con una ferocidad tal que los linchamientos volvieron a ocupar los titulares de los periódicos. En el verano de 1946 fueron asesinados seis veteranos de guerra negros en tan sólo tres semanas.

Precisamente en ese verano del 46, King renunció a su trabajo de operario en la Atlanta Railway Express Company, porque el capataz insistía en llamarle *nigger* (negro). En esos años fue cuando los blancos racistas comenzaron a usar este calificativo despectivo con mayor frecuencia debido al aumento de la hostilidad racial.

El presidente Truman, que ostentaba la presidencia de Estados Unidos desde 1945, y ante la noticia de linchamientos, prometió hacer algo al respecto. Poco tiempo después, nombró una comisión especial que debía proponer una legislación que procurara ciertos derechos de ciudadanía a los negros.

El NAACP (Asociación Nacional para el Progreso de la Gente de Color) comenzó a fomentar los debates en la universidad sobre temas raciales. King entró en contacto con el NAACP, gracias a un amigo suyo, Samuel Cook, que ayudaba a organizar las reuniones de esta asociación en la universidad. Los debates que se realizaron planteaban temas como: «¿Deberían los negros oponerse a la segregación rehusando prestar servicio en las fuerzas armadas?».

—No nos permiten comer en los mismos restaurantes que ellos, ni sentarnos a su lado en el autobús, ni mucho menos bailar con las mujeres blancas en las fiestas —exponía un joven estudiante en el debate— y, sin embargo, exigen nuestros servicios para ir a la guerra.

—Todo lo que signifique nuestra muerte... —añadió otro irónicamente.

—No hay escuelas integradas, pero quieren ejércitos integrados —sentenció un estudiante.

—En la guerra somos iguales, pero cuando volvemos somos inferiores a los blancos —concluyó otro—. Eso no es justo.

Sin embargo, Martin, en aquellos momentos, no se interesó demasiado por esos asuntos. Él y sus amigos, predicadores y estudiantes simultáneamente, buscaban una clase de predicación más acorde con la realidad que ellos conocían. King se preguntaba si el ministerio podría adaptarse a sus aspiraciones. Sobre todo en el aspecto de la educación.

Tweedie sube al púlpito

En el año 1947 Martin decidió que iba a ser pastor baptista como su padre. El verano lo había pasado en un campo de trabajo con el deseo de aprender cosas nuevas. King era algo torpe para el trabajo físico. Pero, además —como casi todos los jóvenes de su edad—, era bastante aficionado a la diversión, lo que le acarreó algunos problemas con un policía que intentó arrestarle. Al día siguiente le contó a uno de sus amigos el problema que aquello suponía.

—Casi acabo en la cárcel —dijo Martin—. Imagínate pasar una noche en una de esas horribles cárceles.

—Lo peor sería el trato de los policías —añadió su amigo.

—No me lo recuerdes. Anoche, aquel agente me hizo la vida imposible —dijo King.

—¿Qué vas a hacer ahora? —preguntó su amigo—. Después de la escapada nocturna de ayer será difícil que te dejen seguir en el trabajo.

—Volveré a casa —contestó Martin—. Lo que temo es que mi padre se entere de lo ocurrido.

—¿Por qué ha de enterarse? Nadie se lo dirá.

—Eso es lo que tú crees. Mi padre es pastor. Mucha

gente le conoce, y a mí también —explicó Martin—. Podría llegar a enterarse fácilmente.

—Díselo tú antes de que lo haga otro —le aconsejó su amigo.

—No puedo. No lo entendería.

Después de unos segundos de silencio, en que Martin estuvo pensando, añadió:

—Ya sé qué voy a hacer: suavizar el golpe que sufrirá cuando se entere, diciéndole que voy a ser pastor como él —dijo Martin—. Eso le hará mucha ilusión y se olvidará de lo demás.

Al comunicar la noticia de su vocación a su familia, *Daddy* King le emplazó a un sermón de prueba en la iglesia de Ebenezer, que resultó todo un éxito, aunque ninguno de los feligreses sabía que el primer sermón de Martin desde el púlpito lo había tomado de «La vida es lo que usted haga de ella», sermón ya publicado por el pastor de la iglesia de Riverside de Nueva York. A los 18 años de edad, Martin Luther King fue ordenado ministro y nombrado pastor asistente de la iglesia que dirigía su padre.

El último año de Morehouse fue agitado para King. Como pastor asistente debía pronunciar sermones, celebrar bodas y sepelios y, a la vez, como estudiante, asistir a clase y acabar sus estudios superiores. Los amigos de King seguían llamándole *Tweedie* y se reían de su afectada costumbre de cerrar su carpeta de sermones en cuanto subía al púlpito, para demostrar a todos que predicaba de memoria. Este hábito irritaba al reverendo King, quien deseaba ver a su hijo predicar consultando sus notas escritas.

En este año la educación fue la mayor preocupación

de Martin; escribió varios artículos para el periódico del campus, entre ellos uno titulado «El propósito de la educación». En este artículo tenía el estilo de las primeras épocas de King: abarcar extensamente un tema, hacer asociaciones audaces y buscar una síntesis entre religión e intelecto. Reflexionaba acerca de este tema porque, ahora que había elegido su carrera, tenía un objetivo para su propia educación, y así se lo explicaba a su amigo Larry Williams.

—Estás obsesionado con la educación —dijo Larry.

—No. Simplemente me interesa mucho —contestó Martin—. La educación me parece algo muy importante. Todos tendríamos que tener acceso a una buena educación, y no sólo unos cuantos.

—Bueno, tú no te puedes quejar —contestó Larry Williams.

—Lo sé, por eso quiero aprovechar la oportunidad y estudiar al máximo.

—¿Quieres hacer una carrera?

—Me encantaría, aunque no sé si a mi padre le gustará la idea —dijo Martin.

—¿Por qué? —preguntó Larry.

—Mi padre quiere que me quede en Ebenezer. Quiere que yo le suceda en el púlpito.

—Bueno, pero para predicar es necesario estudiar antes —señaló Larry—. Uno no nace sabiendo hacer discursos. Tiene que aprender, saber de teología, de filosofía... si no, no sabrás de qué hablar.

—Estoy de acuerdo contigo —contestó Martin—, pero yo quiero ir a la universidad del Norte y eso no le va a gustar a mi padre.

Martin quería asistir al Seminario de Teología de Crozer. Un seminario para blancos, donde podría demostrarse a sí mismo que era tan bueno como cualquiera. Además, el seminario le permitiría salir de Atlanta y alejarse de la autoridad paterna.

Durante el último año en Morehouse llegaron grandes noticias desde Washington. Truman fue el primer presidente que se dirigió a una convención del NAACP y además, la comisión que él había nombrado el año anterior, hablaba en su informe de *derechos civiles* y no de la *cuestión negra*. Asimismo, Truman envió al Congreso un mensaje especial sobre derechos civiles en el cual solicitaba una ley federal contra los linchamientos. Pero la mayor conmoción de ese año la produjo el asesinato de Mahatma Gandhi, cometido por un joven extremista hindú, en Delhi. Este líder indio, defensor de la no violencia y la resistencia pasiva, se convertirá en el principal modelo que King seguirá para su lucha contra la discriminación racial.

Antes de que acabara el año lectivo, el Colegio Morehouse eligió a King para que pronunciara un discurso en representación de su clase en un acto tradicional de oratoria estudiantil que se celebraba cada año. Las palabras de Martin fueron claras y apasionadas, como lo serán en todos los discursos que King pronuncie ante un público.

En la primavera de 1948, Martin solicitó el ingreso en el Seminario Teológico Crozer de Pensilvania. Se lo comunicó primero a su madre, después a su hermana, luego a su hermano, y finalmente a su padre.

—Papá —dijo Martin a *Daddy* King una tarde del mes de abril—, he solicitado el ingreso en Crozer.

—¿Por qué no me lo has dicho antes? —preguntó su progenitor, a quien no le gustaba mucho la noticia.

—Te lo digo ahora —contestó Martin, temiendo la reacción de su padre.

—Vas a dar un disgusto a tu madre.

—Ya se lo he dicho.

—¿Antes que a mí? —preguntó algo ofendido.

—Eso no importa ahora —contestó Martin—. Lo importante es que quiero seguir estudiando. Hacer una carrera.

—¿En Crozer? ¿En una universidad del Norte?

El reverendo King no veía la necesidad de seguir los estudios y menos en un seminario para blancos, conocido por sus doctrinas teológicas liberales. Después de estar enojado durante unos días, terminó por ceder.

—¡Martin! Ven aquí un momento.

—Sí, papá; ¿qué ocurre?

—He estado pensando en estos días que si tú quieres estudiar una carrera, aunque sea en una universidad para blancos, no voy a ser yo quien te lo impida.

—Gracias, papá. No te vas a arrepentir. Voy a demostrarte lo que valgo.

—Estoy seguro, hijo. Y, para que no tengas ningún problema y no te falte de nada, me encargaré de todos tus gastos.

—Gracias otra vez, papá.

—Supongo que ya habrá tiempo para que vuelvas a Ebenezer. Ahora es el momento de hacer una carrera, de prepararse para el futuro.

Martin lo ha conseguido. Irá a la universidad. Se alejará de Atlanta para ampliar conocimientos y conocer otras realidades. Pero, antes de marcharse, él y su hermana Christine se gradúan en la Sisters Chapel en junio de 1948. El verano de ese año lo dedica a predicar y a prepararse para ir a la universidad de Pensilvania, donde le espera una nueva etapa de su vida.

El mejor estudiante de Crozer

Las puertas de los dormitorios de los estudiantes no tenían cerraduras. Tal vez ahora esto no signifique nada para nosotros, pero para los estudiantes negros que, como Martin Luther King, ingresaban en el Seminario Teológico de Crozer, suponía excluir la separación racial. Los estudiantes podían entrar y salir libremente de las habitaciones propias y ajenas a cualquier hora del día y de la noche.

Esta medida era una más de las iniciativas que la administración de Crozer llevaba a cabo para conseguir la igualdad entre los estudiantes y crear un clima de armonía racial. En Crozer los estudiantes negros, chinos, indios o hispanos convivían con los blancos en las aulas, los dormitorios comunales y el restaurante de autoservicio.

Como recuerda Marcus Wood, compañero de King:

Allí vivíamos todos juntos, lo cual era muy diferente del Sur. Había doncellas blancas que nos limpiaban las habitaciones y nos hacían las camas. Eso se salía de lo corriente para unos jóvenes que habían visto otras realidades muy distintas[7].

---

7. Extraído del libro *Martin Luther King, el justo*, escrito por Hubert Gerbeau. Ed. Sociedad de Educación Atenas. Madrid, 1979.

Ningún seminario teológico importante, de cualquier confesión, había logrado semejante mezcla racial, y ninguno volvería a hacerlo, aun después de la revolución negra de la generación siguiente.

A finales del verano de 1948, año del bloqueo de Berlín y de la inesperada victoria del presidente Truman frente a Thomas Dewey, Martin llega a Chester, Pensilvania, para ingresar en el Seminario Teológico Crozer. Era la primera vez que King salía del Sur. Para el hijo del predicador, Crozer supuso un choque cultural. Allí se encontró con una atmósfera de libre pensamiento no ortodoxo, sin segregación racial. Al igual que otros alumnos, Martin se sorprendió al ver bajo la capilla una sala de juegos recreativos con tres mesas de billar. Pronto olvidaría su sorpresa inicial para pasar a la acción, o sea, para dedicar largas noches jugando al billar con sus amigos.

Al padre de Martin, el reverendo King, no le gustaba el ambiente que se respiraba en Crozer, pero accedió a pagar los gastos de su hijo. Martin era el único negro y uno de los pocos estudiantes que no trabajaba para costearse los estudios. Algunos compañeros le decían, en tono de burla, que «trabajaba con su chequera», y así lo cuenta Marcus Wood:

Se presentó con un talonario. Muchos de nosotros teníamos que trabajar en el comedor para conseguir una beca y poder cubrir nuestros gastos. Él tiraba de talonario. Realmente era el dandi del campus[8].

---

8. Ibídem.

Le gustaba vestir bien, sobre todo buenos trajes, y cortejar a las chicas, pero ya no era el estudiante indiferente de Morehouse. Ahora estaba en un nuevo mundo de ideas, lejos de su padre y de su Atlanta natal. Ahora era independiente, estaba a novecientos kilómetros de su casa, inmerso en un ambiente de ideas religiosas, morales e históricas muy distintas de las que hasta ese momento había conocido.

King quería destacar en la cultura de los blancos. Demostrar que podía sobresalir. Se dedicó en cuerpo y alma al estudio, por lo que obtendría las mejores calificaciones de Crozer. Con ello consiguió también el respeto y la admiración de los profesores y alumnos, además de su amistad.

El suelo de su habitación estaba siempre lleno de libros. Cuando otros estudiantes iban a su dormitorio, solían encontrarlo rodeado de pilas de libros de más de un metro de alto. A veces leía toda la noche. Y leía obras como *Ensayo sobre la desobediencia civil*, de Thoreau, o *Cristianismo y crisis social*, de Walter Rauschenbusch, el impulsor del movimiento del Evangelio Social en las iglesias norteamericanas.

También entró en contacto con las teorías pacifistas y con la figura de Gandhi, quien será su principal modelo a lo largo de toda su vida. Conoció su obra gracias al único pacifista convencido del cuerpo de profesores de Crozer, George W. Davis, quien también había introducido a King en las teorías de Rauschenbusch. Martin mantenía conversaciones con Davis acerca de este tema, y ponía de manifiesto que durante su época de universitario no aceptaba del todo las ideas que el pacifismo proponía.

—Sé lo que ha hecho Gandhi en la India, y lo aplaudo —le decía King a su profesor—, pero, como dice Niebuhr, sus métodos son políticos y prometen sólo un pequeño margen de mejora en el mundo.

—No estoy de acuerdo con usted, señor King —respondía el profesor Davis—. Pero arguménteme sus conclusiones.

—Quiero decir con ello que la no violencia de Gandhi es una forma de lucha para que los más oprimidos puedan defenderse de alguna manera de sus opresores. Pero es un grupo oprimido y minoritario sin posibilidades de desarrollar un poder suficiente que les permita cambiar la situación —exponía King.

Años más tarde King será considerado el negro gandhiano, porque supo predicar con el ejemplo, al igual que Gandhi, que el amor está por encima de todo y es la mejor *arma* para reivindicar cualquier derecho.

King celebraba acalorados debates filosóficos y teológicos en su habitación con sus amigos y compañeros, demostrando sus amplios conocimientos en la materia. Para él la moral era un compromiso entre religión y política, necesario, debido al especial carácter de la sociedad. La moral se encuentra en el terreno de la justicia que combina el amor y la política, la espiritualidad y el realismo.

Por aquella época también leyó *El capital* y *El manifiesto comunista*, de Marx, lecturas que le servirán para reafirmarse, por oposición, en su cristianismo militante. Estas complejas lecturas llevaron a King a interesarse por la sociedad capitalista y la cultura moderna. Así lo demuestra unos años más tarde cuando declara:

Yo estaba profundamente interesado, desde mi juventud, en la división entre la riqueza superflua y la pobreza miserable;

mis lecturas me hicieron más consciente de esta decisión. A pesar de que el moderno capitalismo americano ha reducido grandemente las brechas por medio de las reformas sociales, todavía hay necesidad de una mejor distribución y aprovechamiento de las riquezas.

Otro de los profesores que más influyó en King fue Robert Keighton, quien le enseñó el dominio de la retórica del discurso. Pronunciaba conferencias ante sus alumnos acerca del oficio de predicador, en que decía:

Un buen predicador ha de preparar un bosquejo basado en una de las estructuras básicas para sermones. El predicador ha de elegir qué forma de discurso se adecúa más a lo que va a decir y el efecto que desea provocar. Utilizaremos el «sermón escalera» si lo que queremos es ascender a lo largo de varios argumentos hasta llegar a la conclusión final. Pero si queremos presentar una idea y analizarla desde diferentes ángulos, tenemos que emplear el «sermón joya». ¿Y si lo que pretendemos es comenzar de forma apasionada con una historia que desemboque en una lección espiritual? En ese caso, el apropiado es el «sermón fuegos artificiales[9]».

Este sistema de Keighton para estructurar las conferencias lo pondrá en práctica Luther King, quien destacó siempre por su gran capacidad para la oratoria. Sus compañeros admiraban tanto su técnica de predicación que la capilla se llenaba cada vez que Martin pronunciaba su sermón habitual. En los tres años de Crozer, King hizo nueve

---

9. Extraído del libro *¿Adónde vamos: caos o comunidad?*, de Martin Luther King. Editorial Aymá, 1968.

cursos relacionados con el arte de la oratoria. En ellos aprendió que el discurso ha de conquistar la mente, la imaginación y el corazón; objetivos que conseguirá años más tarde ante miles de ciudadanos de todo el mundo.

¿Qué te parece si nos casamos?

Daddy King estaba orgulloso de la maestría en la oratoria de su hijo y de sus buenos resultados académicos, pero quería que Martin se casara pronto para que volviera a Atlanta y le sucediera en la iglesia de Ebenezer. Cada vez que Martin visitaba a su familia, *Daddy* King terminaba sacando el tema del matrimonio:

—Debes sentar la cabeza, hijo —le repetía continuamente—. Estudiar es bueno, pero casarse y formar una familia también.

—Lo sé, papá, pero todavía es pronto.

—Para cuando te quieras dar cuenta ya habrás cumplido treinta años —insistía *Daddy* King—. La chica con la que sales, Juanita Sellers, es del West Side y parece una buena chica. Su padre tiene una empresa de pompas fúnebres. Me lo ha dicho tu hermana.

Juanita Sellers fue una de las novias de Martin en el primer año de Crozer. Era una joven que estudiaba con Christine King en la Universidad de Columbia. Pertenecía a una de las familias más influyentes de Alabama, lo que hacía de ella el tipo de mujer que *Daddy* King anhelaba como esposa para su hijo.

Pero las aspiraciones del reverendo King se vieron frustradas. Lo que nunca hubiera esperado es que su hijo se fuera a enamorar de una mujer blanca, Betty Moitz, hija de una inmigrante alemana, que cocinaba en el restaurante de Crozer. Martin cruzaba a diario todo el campus para verla. Después de cortejarla con sus palabras elevadas y conquistarla con sus poemas de amor, Martin le pide, un buen día, que se case con él.

—¿Qué te parece si nos casamos? —dejó caer un enamorado e inocente Martin.

—No me parece una buena idea, M. L. —contestó Betty.

—Pero ¿por qué?

—Mira, M. L., sería maravilloso si fuera en otra ciudad y si fuéramos otros, pero aquí y ahora tu propuesta es un sueño imposible. No lo iban a permitir —dijo Betty intentando convencerle de la imposibilidad de un matrimonio mixto en aquellos tiempos.

Pero King estaba resuelto a casarse con aquella chica y pidió consejo a sus amigos. Una noche, ya muy tarde, King llamó a la ventana de la habitación de su amigo Horace Whitaker para hablar con él.

—Tienes que olvidarte de ella —intentaba convencerle Whitaker.

—No puedo —contestó Martin—. Quiero casarme con ella. Estoy decidido.

—No lo entiendo, Martin. Tú puedes aspirar a algo más que a la hija de una simple cocinera, sea negra o blanca —dijo Horace.

—Eso me da igual —insistía Martin—. Estoy enamorado de ella.

—Conforme, entonces piensa en el futuro que os espera: no hay ninguna iglesia que acepte a un pastor negro casado con una blanca —expuso Whitaker para hacerle ver la realidad.

—Es cierto que en el Sur no aceptan los matrimonios mixtos, pero en el Norte no tendremos problemas —replicó convenciéndose a sí mismo.

—Está bien, pero ¿has pensado en el daño que harás a tus padres? —le preguntó Whitaker.

—Tienes razón —contestó Martin resignado—. No me importa lo que mi padre pueda decirme, pero no aguantaría ver sufrir a mi madre.

King se obligó a renunciar y luchó contra su propia amargura. *Estaba furioso por haberse enamorado de alguien y no poder casarse debido al problema racial. Un matrimonio mixto en el Sur era impensable. Por menos habían linchado a muchos negros*, explicaría años más tarde una Betty Moitz nostálgica, ante las cámaras de la televisión norteamericana. Martin llegó a la dura conclusión de que el precio de un matrimonio mixto era más alto de lo que estaba dispuesto a pagar por el amor de una mujer.

Después de este incidente, que le distrajo por un tiempo de los exámenes, King siguió estudiando y decidió obtener el doctorado en Filosofía de la religión. El problema era comunicárselo a su padre. Por ello, lo consultó antes con su madre.

—Madre, he decidido que voy a seguir estudiando.

—¿Y qué hay de Ebenezer? —le preguntó *Mammy King*—. ¿No te gustaría suceder a tu padre en la iglesia?

—Sí, mamá; Ebenezer no está mal, pero siempre será la iglesia del reverendo King, y no quiero pasarme la vida bajo su sombra —contestó Martin con sinceridad—. Tengo otras aspiraciones.

—¿Y qué vas a hacer? —preguntó *Mammy* King.

—He solicitado el ingreso en Yale, Harvard y en la Universidad de Edimburgo. Quiero dedicarme a la docencia, ser profesor en la universidad —contestó Martin—. Pero no sé cómo decírselo a papá.

—Mejor será que se lo diga yo poco a poco —concluyó su madre.

En el verano de 1951, Martin regresó a su casa después de haber acabado sus estudios en Crozer. Sus padres le esperaban en el porche de la casa junto a un Chevrolet verde que *Daddy* King le había comprado a su hijo por haber obtenido las notas más altas de su clase. Pero, después de este recibimiento, Martin comunicó a sus padres su decisión de hacer el doctorado, lo que entristeció al reverendo King.

—Os tengo que dar una noticia —empezó a decir Martin—. Me han admitido en la Universidad de Boston y empezaré el curso después del verano.

—Pero ya no te hace falta estudiar más para ser predicador.

—Ya lo sé, papá —trató de explicarle Martin—, pero yo quiero enseñar en una universidad o en una escuela de religión.

—Aun así, no necesitas el doctorado —insistió su padre.

—Pero mi objetivo es la erudición —explicó Martin—. Necesito más conocimientos.

—Bien, supongo que no puedo hacer nada —dijo *Daddy* King, rindiéndose ante los deseos de su hijo—. Si es lo que quieres, no te lo impediré. Y no te preocupes por el dinero: me hago cargo de todos los gastos.

En septiembre de 1951, King cargó todo su equipaje en el Chevrolet verde e inició el viaje de Atlanta a Boston, donde estaba la Escuela Universitaria de Teología de Harvard. De esta forma conseguía el gran sueño de cualquier americano con pretensiones universitarias: doctorarse en Harvard, alcanzar la máxima titulación académica en una de las más prestigiosas universidades del país.

Se matriculó en diez cursos impartidos por Edgar S. Brightman, prestigioso teólogo al que King admiraba. Además, adoptó los hábitos de intelectual, propios de un estudiante de Harvard. Como muchos otros universitarios, para hacerse el interesante fumaba y jugaba con su pipa casi constantemente, hablaba con un aire de lejana reserva, y ponía la mirada distante de un filósofo, sin olvidar su afición por los buenos trajes.

Vivía con otros estudiantes en un apartamento en la avenida Massachussets. Su compañero de cuarto, Philip Lenud, cocinaba y Martin lavaba los platos. Siempre que alguien iba a visitarle encontraba el suelo de la habitación lleno de libros y a Martin leyendo o hablando por teléfono, en una de sus habituales conversaciones con su madre, las cuales podían durar más de dos horas.

—No te puedes imaginar lo grande que es esto —le explicaba Martin a su madre, que escuchaba satisfecha al otro lado de la línea telefónica—. La escuela está siempre llena de estudiantes que van de un lado para otro: de las clases a la biblioteca, de la biblioteca a sus apartamentos, o al trabajo y, después, vuelta a las clases.

—¿Trabaja alguno de tus amigos? —preguntó su madre.

—Alguno sí. Weyman McLaughlin, uno de mis mejores

amigos, trabaja por la tarde como mozo de cordel en el aeropuerto Logan. Estudia por las noches hasta muy tarde, por eso tiene que usar la luz interior de su armario para no despertar a sus compañeros de apartamento.

—Pobre, debe resultarle duro hacer las dos cosas a la vez —comentaba comprensiva la madre de Martin, a través del teléfono.

—Es cierto, yo no sería capaz, sobre todo ahora que me he inscrito en el departamento de Filosofía y he creado el Club Filosófico.

—¿Qué es eso del Club Filosófico? —pregunto *Mammy King*.

—Es una organización de estudiantes interesados en la filosofía —explicó Martin—. Una vez a la semana nos reunimos en mi apartamento y discutimos sobre filosofía y religión. Resulta muy interesante.

—¿Y qué tal con las chicas? —preguntó su madre, como siempre interesada en ello—. ¿No sales con ninguna?

—No, mamá, en este momento no —contestó Martin, agobiado por la continua insistencia de sus padres al respecto.

—Desde que rompiste con Juanita Sellers, el verano pasado, no nos has hablado de ninguna chica. Sabes que tu padre y yo queremos que te cases cuanto antes. Ya tienes veintitrés años —le recordó su madre—. Deberías volver con Juanita. Sabes que era del agrado de tu padre.

Ante la insistencia de sus padres, Martin redobló los esfuerzos para encontrar novia y casarse. Coleccionaba números de teléfono y procuraba que cada encuentro con una joven fuera de lo más prometedor. Para ello exhibía todos sus encantos. A comienzos de 1952, por recomendación de un amigo, llamó a una chica que no conocía personalmente. Después de recitar algunos de los cumplidos que su amigo le había aconsejado, King le espetó:

—Usted sabe que todo Napoleón tiene su Waterloo. Yo soy como Napoleón. Éste es mi Waterloo y estoy de rodillas.

—Eso es absurdo —contestó Coretta Scott—. Ni siquiera me conoce.

Ante esa respuesta, Martin utilizó su labia hasta que convenció a Coretta para ir a almorzar juntos al día siguiente. La pasó a buscar con su Chevrolet y la llevó a un restaurante de autoservicio. Allí supo que Coretta se había criado en una granja en Alabama y que estudiaba en el Conservatorio de Música de Nueva Inglaterra.

Aquel primer almuerzo resultó un éxito. Al principio Coretta se desanimó ante la poca estatura de King, pero él pareció crecer a medida que hablaba. Cuando le acompañaba de vuelta a casa, la volvió a desconcertar declarando que sería una buena esposa para él:

—Las cuatro cosas que busco en una esposa son carácter, inteligencia, personalidad y belleza —le dijo—, y tú las tienes todas. Quiero volver a verte.

—Bueno, antes debo consultar mi agenda —contestó ella bromeando.

La que iba a ser la futura esposa de King era una joven inteligente y hermosa, con talento musical. Tenía un carácter fuerte, pero era muy sociable. Poseía la virtud de recordar los nombres, hacer que los recién llegados se sintieran cómodos y ser siempre cortés. Además, era ambiciosa y con gran sentido de la lealtad. Todas estas cualidades la ayudarían a ser la esposa de un ministro de la iglesia y de un futuro líder social.

Su noviazgo comenzó a principios de 1953 y ya en el verano de ese mismo año, Martin llevó a Coretta a Atlanta para que conociera a sus padres. La familia King, al principio, intimidó un poco a Coretta: la señora King la trató fríamente y el reverendo más bien la ignoró. Para ellos, Coretta era una más de las amigas de su hijo, pero no suponían que pudiera tratarse de su futura nuera.

Meses más tarde, cuando sus padres fueron a visitarle a Boston, Martin les anunció su intención de casarse con Coretta. Fue una tarde de otoño, en el salón del desordenado apartamento de King, donde también estaba la joven afortunada. El reverendo King, con seriedad y una cierta falta de tacto, empezó a preguntarle a su hijo por sus otras amigas. Éste contestó con evasivas, por lo que el reverendo se dirigió a Coretta.

—Lo suyo con mi hijo es algo pasajero, ¿verdad? —le dijo *Daddy* King.

—¡Déjeme preguntarle directamente! —continuó el reverendo con su vozarrón bíblico—. ¿Toma usted a mi hijo en serio, Coretta?

Totalmente estupefacta, ella trató de bromear:

—No, reverendo King, realmente no.

—Me alegro —contestó el reverendo—, porque sabemos que M. L. ya ha propuesto matrimonio a muchas chicas en Atlanta y en otras partes, y usted es sólo una más. Cuando mi hijo se case será con una persona más adecuada para él que usted. Además —añadió—, M. L. ha salido con las hijas de las mejores familias de Atlanta, como Juanita Sellers.

Familias a las que conocemos desde hace muchos años, personas a las que respetamos y cuyos sentimientos no quisiéramos herir. Estoy hablando, Coretta, de gente con la que podemos compartir muchas cosas y que tiene mucho para ofrecer.

—¡También yo tengo algo que ofrecer! —dijo Coretta elevando la voz y sobreponiéndose a las circunstancias.

El reverendo King, sin que la respuesta de Coretta le impresionara, contestó:

—Amamos a esa muchacha. No sé qué decidirá M. L., pero me alegra saber que no lo toma en serio, pues, salvo que lo conozca mejor que yo, le aconsejaría que no lo hiciera.

Durante todo ese tiempo, M. L. había estado callado. El joven llamó a su madre a otro cuarto y le dijo que planeaba casarse justamente con la mujer a la que su padre había atacado sin misericordia. Sabía que su madre se lo haría saber a su esposo. El mensaje de la señora King afectó a los nervios del reverendo King, quien habló inmediatamente con su hijo.

—¡Lleváis mucho tiempo saliendo! —gritó—. ¿Qué pasa con los estudios?

—Obtendré mi doctorado —contestó tranquilamente Martin—, y luego me casaré con Coretta.

Daddy King golpeó la mesa con el puño y dijo:

—¡Es mejor que os caséis! —ordenó, como si la idea se le hubiera ocurrido a él.

Y así fue. El 18 de junio de 1953, después de un corto noviazgo, Martin Luther King y Coretta Scott se casaron en el jardín delantero de la casa de los padres de Coretta.

Antes de oficiar la boda, el reverendo King llamó a ambos novios para hablar con ellos en privado y aconsejarles que todavía estaban a tiempo de no hacerlo.

—Todavía no es demasiado tarde para arrepentirse —les dijo—. Si no estáis absolutamente convencidos, podemos cancelar la boda. Celebro esta ceremonia porque no lo puedo evitar, y si vosotros os casáis debéis pensarlo en esos términos, como algo a lo cual os sentís impulsados. Pensad esto unos momentos y decidid si es así como lo sentís.

—Yo... —dijo Coretta.

—Sí, Coretta —contestó el reverendo.

—Yo sólo tengo una objeción —continuó ella—. Quiero que se quite del juramento de boda la promesa de obedecer al esposo.

—Pero, Coretta —respondió *Daddy* King sorprendido—, eso no puede ser.

—Insisto en ello —contestó con seguridad la futura esposa de Luther King.

Coretta fue lo bastante fuerte como para que el reverendo aceptara. Después de la ceremonia y la fiesta, los recién casados partieron al viaje de luna de miel. Debido a que los lugares de vacaciones, hoteles y hospedajes de Alabama tenían prohibida la admisión de negros, se vieron obligados a pasar la noche de bodas en lo más parecido a un hotel: un lugar de velatorio perteneciente a un amigo de la familia Scott.

Después de pasar un tiempo en casa de los King, Coretta y Martin volvieron a Boston, donde se instalaron en un nuevo apartamento. Para concluir el doctorado, King tuvo que elegir el tema de su tesis: «Comparación de la idea de Dios de Paul Tillich con la de Henry Nelson Wieman». Una vez acabada, Martin debía decidir dónde encaminar sus pasos: dedicarse a la enseñanza o bien ser predicador.

Por el lado eclesiástico, sabía ya de la existencia de importantes púlpitos vacantes en todo el país. Tenía varias ofertas; el problema era decidirse por una. La Primera Iglesia Baptista de Chattanooga le requería, después de haber pronunciado allí un brillante sermón de prueba. También había una vacante en la Iglesia Baptista de la avenida Dexter, en Montgomery. Martin fue, en un principio, algo reacio a aceptar esta iglesia, sobre todo por el consejo de su padre.

—No vayas a Dexter, M. L. —dijo el reverendo King—. Es una iglesia de *niggers*. Además, hay miembros influyentes allí, que pueden arruinar la vida de cualquier pastor.

Pero los problemas, para M. L. suponían un reto y no un inconveniente. Martin no hizo caso a su padre y eligió la iglesia de Dexter. Acaban aquí los años de formación de Martin. Ahora, casado y preparado para ejercer su magisterio, Luther King deberá seguir su destino. Se abre una nueva etapa en su vida: los años de infatigable actividad en pro de los derechos civiles.

Asientos sólo para blancos

El 2 de marzo de 1955 en Montgomery, capital del estado de Alabama, un grupo de blancos subió a un autobús público cuando éste, tras avanzar por la avenida Dexter, se detuvo en la parada de la calle Court. Por el espejo retrovisor el conductor observó que la sección para blancos estaba llena y que tanto la sección para negros como la «tierra de nadie» del medio estaban también completas, en este caso de pasajeros negros. El conductor se dio la vuelta y señaló una hilera en la zona del medio:

—Despejen estos asientos —dijo con autoridad a las cuatro mujeres negras que los ocupaban.

Dos se levantaron obedientemente, pero las otras dos fingieron no oírlo y miraron hacia fuera por la ventana.

—Si no se levantan de ahí llamaré a la policía —amenazó el conductor.

Las dos mujeres continuaron inmóviles.

—Está bien, ustedes lo han querido —sentenció el conductor, enojado.

Paró bruscamente el autobús y bajó a llamar a la policía. Dos agentes intentaron convencer a algunos hombres negros para que cedieran sus asientos a los pasajeros de raza blanca. Pero, entonces, una joven estudiante llamada Claudette Colvin comenzó a protestar:

—No pienso moverme de mi asiento. Yo he llegado antes y si el sitio estaba vacío tengo derecho a sentarme. No es justo que le tenga que ceder mi asiento a un blanco, cuando ha llegado después que yo.

—Vosotros tenéis vuestros asientos en la parte trasera. Ésta es la «tierra de nadie» —dijo el conductor señalando los asientos que se encontraban en la zona central del autobús— y los blancos tienen prioridad.

—Yo lo cogí antes —insistió la joven Claudette—. Tengo derecho a sentarme aquí.

—Sí, pero sólo si no hay lugares libres en la parte delantera —dijo una mujer blanca que ocupaba uno de los asientos reservados para blancos.

—¡Esa negra no se va a salir con la suya! —gritó otra mujer blanca—. ¡Que la arresten ahora mismo!

—¿Qué dice? —contestó la joven—. Está usted loca.

Los policías la sujetaron mientras ella forcejeaba y lloraba. Se resistió a que la sacaran del autobús, pero finalmente lo consiguieron.

—Venga, una negra más a la cárcel que es donde mejor estáis —dijo el guardia mientras la esposaba.

Cuatro días más tarde, el *Advertiser*, periódico local para blancos, publicó una carta en la que uno de los pasajeros, por supuesto de raza blanca, alababa a los policías por resolver el suceso del autobús sin demasiada violencia. En cambio, los negros de Montgomery consideraban aquello como injusto y humillante. La joven Claudette Colvin iría a la cárcel en lugar de a la escuela secundaria.

Ese tipo de incidentes se producía con bastante frecuencia en los autobuses de Montgomery, pequeña ciudad sureña donde los problemas raciales estaban vivos en los detalles más elementales de la vida cotidiana. En esta ciudad se ha instalado Martin Luther King desde septiembre de 1954 para ejercer su ministerio en la Iglesia Baptista de la avenida Dexter, una iglesia pequeña, con pocos feligreses, pero con mucha influencia en la vida ciudadana.

Ese mismo año, en que Luther King empieza su carrera como pastor, coincide con el segundo año de Eisenhower en la Casa Blanca. El nuevo estilo de vida norteamericano, conocido como el *American way of life*, está arraigando cada vez más en la sociedad. Es la época también de los nuevos inventos que cambiarán el futuro, entre otros, y como ejemplo, se imponen las comidas preparadas, el *fast food*, para comer frente al televisor o para no perder demasiado tiempo comiendo, invento a todas luces muy cuestionable; y empieza a utilizarse en la industria el microchip. También es el año en que la vida de Martin Luther King cambiará. Con su llegada a Montgomery comienza la larga lucha por la igualdad.

Nada más instalarse, Martin comienza a trabajar sin descanso: continúa con sus proyectos y dedica gran parte del tiempo a su congregación. Su actividad es infatigable: se levanta todas las mañanas a las cinco y media para trabajar durante tres horas escribiendo artículos de prensa o estudiando teología. Después va a la iglesia donde atiende desde funerales hasta enfermos, o visita a otros ministros negros de la ciudad. Se preocupa por su mujer y por el nuevo miembro de la familia King: la pequeña Yolanda.

A lo que dedica más tiempo es a preparar el sermón dominical. Pasa un mínimo de quince horas semanales preparándolo. Generalmente, empieza al anochecer del martes, el miércoles busca y piensa sobre el pasaje y las vivencias que contendrá el sermón, y normalmente acaba el escrito el sábado por la noche. Sentado en su escritorio reflexiona en voz alta.

—Llevo poco tiempo aquí, pero tengo la impresión de conocer a esta gente de toda la vida. Debe ser porque son del Sur como yo y me identifico con sus problemas, con sus inquietudes. Me siento como si fuera uno más.

En ocasiones, se levanta y ensaya sus discursos frente al espejo, mientras con los brazos y las manos intenta reforzar sus palabras:

—Cada vez que vienen a mí para solucionar sus problemas, para decirme que los han obligado a levantarse de sus asientos en el autobús, o que los han humillado o insultado en la calle o en la escuela, me duele a mí tanto como a ellos. No es justo que los niños negros no puedan ir a la misma escuela que los blancos o que un negro tenga que esperar en el mercado a que sirvan a un blanco cuando él ha llegado antes. Pero ¿qué puedo hacer yo ante eso? Nada —se decía a sí mismo, con resignación—. Absolutamente nada. Resulta desesperanzador, pero hace falta unidad y solidaridad. Ni siquiera tienen conciencia de un problema común. Han llegado a aceptarlo como algo inevitable, a amoldarse a esa injusticia hasta llegar a perder la dignidad, a que les resulte incluso indiferente.

Frente al espejo, de pie, se mira a los ojos y mentalmente intenta convencerse de que las cosas pueden cambiar.

—No tiene por qué ser así. Podemos acabar con la segregación, aunque para ello necesitamos un detonante, algo que nos una contra la injusticia.

Y ese detonante tuvo lugar el 1 de diciembre de 1955, a la caída de la tarde, cuando la señora Rosa Parks, una costurera negra, subió al autobús después de un duro día de trabajo. Estaba cansada, por lo que se sentó en el primer sitio que había detrás de la sección de los blancos. Al poco tiempo, el empleado del autobús. J. P. Blake, viendo a un hombre blanco de pie en la parte delantera del coche, gritó a cuatro pasajeros, entre ellos la señora Parks, para que se levantaran.

—Esos cuatro negros de ahí, levántense para que se siente este caballero.

Los tres hombres negros obedecieron inmediatamente, pero Rosa Parks se negó a cederle el sitio al pasajero blanco.

—Usted, ¿no ha oído lo que le he dicho? —insistió Blake.

—No estoy en la sección de los blancos —dijo la señora Parks defendiéndose—. No tengo por qué levantarme.

—Mejor será que se mueva por las buenas y deje ese asiento libre —amenazó el conductor.

—Ya le he dicho que estoy en el medio del autobús, no en la zona de los blancos —repitió ella.

—La sección de los blancos está donde yo diga y tú, negra, estás en ella.

—Ya le he dicho que estoy en la «tierra de nadie» —insistía Rosa Parks.

—La «tierra de nadie» es dar al conductor un margen para mantener las razas separadas —dijo él—, y eso es lo que estoy haciendo.

—Pero yo no estoy de acuerdo —dijo ella sin moverse de su asiento.

—Déjese de tonterías —contestó Blake despectivamente—. La ley me permite arrestarla si es preciso.

—Cumpla con su obligación, pero yo no pienso moverme de aquí.

—Bien, usted lo ha querido —dijo muy serio el conductor—: queda oficialmente arrestada.

En comisaría los oficiales registraron a Rosa Parks y la encarcelaron. La noticia pronto se difundió y llegó a oídos de Luther King. E. D. Nixon, miembro destacado del Comité de Demócratas Progresistas de la ciudad y uno de los pocos líderes negros de la comunidad, se lo comunica a King por teléfono, a primera hora de la mañana del día 2 de diciembre.

—Hemos permitido —añade Nixon, después de relatarle el incidente— que este tipo de cosas haya ido demasiado lejos. Creo que es el momento de boicotear los autobuses. Sólo por medio del boicot podremos hacer comprender a la población blanca que no aceptamos este tipo de tratamiento por más tiempo.

—Estoy de acuerdo —contesta King—. El boicot de autobuses puede ser una medida oportuna, pero es preciso ponerse en marcha cuanto antes, sin pérdida de tiempo, aunque sin precipitarse —añade—. Es necesario montar un plan efectivo.

—Bien, pero antes debemos celebrar una reunión de todos los líderes religiosos —sugiere Nixon—. Tenemos que organizar el movimiento.

Alrededor de cincuenta líderes negros se reunieron en el sótano de la iglesia de King, en donde, después de un intenso debate, se aprobó el boicot. El movimiento se inició con una llamada general contenida en una pequeña octavilla que decía así:

No utilicéis los autobuses para ir al trabajo, a la ciudad, a la escuela o a cualquier otro lugar el lunes día 5 de diciembre.

Otra mujer negra ha sido arrestada y encarcelada porque se negó a ceder su asiento en el autobús.

No utilicéis los autobuses para ir al trabajo, a la ciudad, a la escuela o a donde os dirijáis el lunes. Si trabajas toma un taxi, comparte un viaje o dirígete andando.

Asiste a la gran reunión el lunes a las siete de la tarde, en la iglesia baptista de Holt Sheet para más instrucciones.

La noche anterior al boicot Martin no pudo dormir. Las preguntas se agolpaban en su cabeza y le impedían conciliar el sueño:

—¿Qué sucederá mañana? ¿Cómo responderá la gente? ¿Y si resulta un fracaso? —se torturaba King mientras daba vueltas en la cama—. Puede que demos esperanzas a la gente y luego no se cumplan. ¿Y si no es el método más idóneo? —volvía a preguntarse—. Puede que no sea ni siquiera ético, o puede ser anticristiano. ¿Qué dices, Martin? Es por una causa justa. Pero —se planteaba de nuevo—, si el boicot es inmoral ¿pueden unos medios inmorales justificar los fines morales?

Inmerso en estas dudas y preguntas pasó la noche King hasta que poco a poco sus temores se fueron disipando conforme llegaba la mañana. Coretta y Martin se levantaron aquel día más pronto que de costumbre. Estaban nerviosos.

A las cinco y media, ya vestidos perfectamente, desayunaban. M. L. tomaba café mientras Coretta hacía guardia en la ventana, desde donde se veía la parada del autobús de enfrente. Un poco antes de las seis, cuando vio los faros delanteros del autobús perforar la oscuridad, Coretta llamó a su marido entusiasmada:

—¡Martin!, ¡Martin!, ven en seguida.

King no podía creer lo que veía; el autobús, pese a ser una de las líneas más concurridas, iba vacío.

—¡Está vacío! —gritó Martin, lleno de alegría—. ¡Un autobús de la línea South Jackson vacío!

Lo mismo ocurrió con el siguiente autobús, y con el tercero. Martin, exaltado y alegre, salió a la calle con su coche para comprobar si la respuesta de la comunidad negra había sido igual en todas partes de la ciudad. La mayoría de los negros fueron andando a trabajar; otros en taxis; algunos en sus propios coches o en los de sus vecinos; incluso hubo quienes se desplazaron montados en mulas o en coches de caballos destartalados. Nadie alborotó. En silencio, casi con solemnidad, los trabajadores negros caminaban hasta sus trabajos, sin temor y con la cabeza alta.

A las diez y media de esa misma mañana, King se dirige a la sala del tribunal donde estaba siendo juzgada Rosa Parks. Una multitud de jóvenes negros se había congregado allí para apoyar a la señora Parks, pero ésta era declarada culpable y debía pagar una multa de diez dólares. Se había convertido, sin pretenderlo, en una heroína, en la artífice de un boicot que duraría, no sin dificultades, 358 días.

¡La hora de los valientes!

El caso Rosa Parks marcó un antes y un después en la lucha por los derechos civiles de los negros. El éxito del boicot de los autobuses, que se realizó con motivo de su detención, ponía de manifiesto la necesidad de llevar a cabo una organización mejor articulada, y con ese propósito se reunieron los principales líderes negros. Se empezó discutiendo si había que llevar el boicot en secreto, lo que produjo opiniones encontradas.

—Yo creo que mostrar quiénes somos, dar nuestros nombres —sostenía un pastor— es un riesgo innecesario. Nos pone en peligro.

—Yo estoy de acuerdo —intervenía otro—. Es exponerse a la ira de los blancos. Si el Ku Klux Klan[10] sabe quiénes somos los organizadores, seremos hombres muertos.

—¿Cómo creen ustedes que pueden organizar el boicot a los autobuses en secreto? —preguntó airado E. D. Nixon, miembro del Comité de Demócratas Progresistas.

---

10. Asociación de extremistas y radicales de raza blanca que defendían violentamente la segregación racial. Vestían túnicas blancas y llevaban las cabezas cubiertas con caperuzas en forma de cono.

Nadie respondió.

—Señores, permítanme decirles una cosa —continuó Nixon—. Ustedes, los ministros, han sido mantenidos por estas lavanderas los últimos cien años y no han hecho nada por ellas. Si no luchan abiertamente, los feligreses sabrán que son ustedes unos cobardes. No se dan cuenta —añadió— de que mujeres como Rosa Parks cargan con el peso de los arrestos y luego ustedes se echan atrás como «niñitos» —y concluyó diciendo:— Hemos usado delantales durante toda la vida. Es hora de quitárnoslos. Si hemos de ser hombres, éste es el momento.

Después de estas primeras discrepancias, todos se pusieron de acuerdo en la creación de una organización que dirigiera el boicot, la Montgomery Improvement Association (Asociación para la mejora de Montgomery, MIA), cuya primera medida fue nombrar presidente a Martin Luther King. Pero, aunque hubo unanimidad en este punto, en seguida surgieron problemas. Algunos pensaban que, dado el éxito inicial del boicot, no convenía arriesgarse a seguir.

—Hemos demostrado ya nuestra fuerza a la comunidad blanca. Si la damos por terminada ahora, conseguiremos lo que queramos de la compañía de autobuses, simplemente porque ellos creen que podemos hacerlo de nuevo —comenzó a exponer uno de los allí presentes—. Pero si continuamos y son muchas las personas que mañana o en el día próximo vuelven a subir en los autobuses, la población blanca se reirá de nosotros y acabaremos por no conseguir nada.

—Sería utilizar el boicot como amenaza —dijo uno de los pastores apoyando el argumento anterior—. Tal vez sería mejor eso que malgastarlo por exceso de aplicación.

E. D. Nixon respondió a estas opiniones.

—Es muy sensato lo que están diciendo, pero, si lo piensan, la comunidad negra debe manifestarse. Ya es hora de que sea la protagonista absoluta de lo que está ocurriendo en la calle. Señores, lo mejor y lo más democrático es esperar.

Y así se hizo. El boicot continuó bajo la consigna «Todos a favor de sostener el movimiento». Y todos, unánimemente, como si fueran uno, lo defendían. Los cincuenta mil negros de Montgomery habían decidido salir al paso de su opresión secular, luchar unidos por recuperar su dignidad personal y como comunidad.

Para mantener el boicot, los ciudadanos negros tuvieron que soportar el frío, las lluvias, problemas mecánicos y complicadas combinaciones para viajar de casa al trabajo sin llegar tarde, ser despedidos o tener una discusión con el patrón. Después debían volver al hogar, quizá buscando una forma de llegar al mercado, preparar la comida, cenar, ocuparse de los niños y de las tareas domésticas y salir de noche a una reunión, para volver a casa y esperar a que llegara el nuevo día.

Para hacer esto más llevadero, era necesario solucionar los problemas que se presentaban, ya desde el principio.

—Durante esta primera semana la policía ha arrestado a muchos taxistas por cobrar la tarifa de emergencia, diez centavos —explicó Martin en una de las reuniones de la MIA.

—Debemos crear una flota de coches de uso común que permita el transporte de la gente cada día —dijo T. J. Jemison, un amigo de King que había organizado un boicot a los transportes de Baton Rouge.

—El problema —continuó King— es que los dueños han de ceder sus coches voluntariamente y además aportar el servicio de transporte.

—Pero el mayor inconveniente no es ese —dijo uno de los pastores allí presentes—. ¿No han pensado que los coches se mancharán, sufrirán averías, o cualquier otra cosa? No creo que sus dueños estén dispuestos a cederlos.

Pero se equivocaba, ya que, la misma noche que King lo propuso, ciento cincuenta propietarios de automóviles firmaron su préstamo para el boicot. Hubo también problemas de índole económica, pero se vieron resueltos con las aportaciones de los ciudadanos negros de Montgomery y de otros lugares, ya que el movimiento se empezó a difundir por todos los Estados de la Unión, y tuvo una gran trascendencia exterior.

Para no alargar innecesariamente el boicot, el 8 de diciembre se iniciaron las conversaciones entre una delegación de la empresa y el comité negociador nombrado a tal efecto por la MIA en el Ayuntamiento, ante la presencia del alcalde de la ciudad.

—Nuestra acción —explicó King— es la culminación de una serie de injusticias e indignidades que han existido durante años.

—Pero es la ley, reverendo King —dijo Crenshaw, el director de la empresa de autobuses en Montgomery— y debemos respetarla.

—No, cuando es una ley injusta —respondió Martin—. Nosotros no estamos cuestionando la Constitución de Estados Unidos. Somos americanos igual que ustedes y queremos los mismos derechos. Ya hemos soportado lo suficiente —continuó— el mal trato y las injusticias en los autobuses que nos han llevado incluso a la cárcel.

—Bien, además de denunciar esto —intervino Crenshaw— díganos cuáles son sus peticiones.

—En primer lugar, queremos que se garantice el trato cortés a los negros por parte de los empleados de la compañía —comenzó Martin.

—Si quieren les ponemos una alfombra roja —se burló el alcalde.

King le miró con desprecio y a la vez con lástima, y continuó:

—En segundo lugar, pedimos que los pasajeros se sienten en el autobús siguiendo esta norma: los negros se sentarán de atrás a adelante, mientras los blancos, de delante hacia atrás.

—¿Sin una «tierra de nadie»? —volvió a interrumpir el alcalde

—Sí, señor alcalde, sin esa zona. Bien, y por último —prosiguió King— queremos que se asignen empleados negros en las rutas más frecuentadas por los negros. Además —añadió—, la compañía ha de admitir que el setenta y cinco por ciento de sus usuarios son de color, y no parece económicamente irrazonable para ella buscar a sus empleados entre los que componen el grupo mayoritario de sus usuarios.

—No necesito que me digan cómo debo dirigir la compañía —comenzó a decir Crenshaw—, ni a quién tengo que contratar.

Crenshaw fue el mayor oponente de las reivindicaciones de la comunidad negra y sus rotundas negativas terminaron por poner a su favor al alcalde y concejales.

—Está bien —dijo King— con esa actitud no llegaremos a ningún lado, así que sugiero que se dé por terminada la reunión.

El alcalde pidió a King que se quedara para proseguir la discusión con la compañía de autobuses después de haberse retirado la prensa, con lo que se distendió el ambiente.

—No veo por qué no podemos acordar esta proposición de asientos —dijo el concejal Parks—. Es perfectamente compatible con nuestras leyes de segregación.

—Pero Frank —respondió sin dar tiempo al respiro el intransigente Crenshaw—, no veo cómo se puede hacer esto dentro de la ley. Si fuera legal, sería el primero en estar de acuerdo con ello; pero no es legal. La única forma en que se podría conseguir es cambiando nuestras leyes de segregación.

Parks se quedó sin fuerza para replicar. Crenshaw, viéndose fuerte, concluyó:

—Si concediéramos a los negros lo que piden, presumirían de haber alcanzado una victoria sobre la población blanca, y eso no lo podemos permitir.

Aquello significaba el final del diálogo. Las cuatro horas de larga conversación no habían servido para nada. La lucha proseguía sin que se hubiera avanzado lo más mínimo. En un nuevo intento de negociación, la MIA se puso en contacto con el presidente de la compañía en Chicago, el cual garantizó la presencia del vicepresidente de la empresa, el señor Totten, en Montgomery. Se convocó una reunión para el 17 de diciembre. En ella, King empezó con una concesión con el fin de acercar ambas posiciones: no se exigirá que la empresa contrate a conductores negros. Pero tampoco se consiguió nada en esta ocasión, principalmente porque el señor Totten estaba de acuerdo con la postura de Crenshaw.

—El señor Totten —dijo King— no ha sido ecuánime en sus afirmaciones. Ha hecho un informe que es totalmente parcial. A pesar de que se le sugirió que viniera a Montgomery por medio de la MIA, no ha tenido ni la simple cortesía de escuchar las injusticias de que es objeto la comunidad negra. Lo menos que cada uno de nosotros podemos hacer en nuestras deliberaciones es ser honrados e imparciales.

Escuchados los testimonios de los ciudadanos invitados, el ambiente era de pesimismo.

—Esta mañana hemos hablado mucho sobre las costumbres —dijo Martin—. Se ha afirmado que cualquier cambio en las presentes condiciones significaría ir contra las más queridas de nuestra comunidad. Pero si las costumbres son erróneas, tenemos toda la razón del mundo para cambiarlas. La decisión que debemos tomar ahora es si debemos prestar nuestra fidelidad a las injustas costumbres o a las exigencias morales del universo. Como cristianos debemos nuestra última lealtad a Dios y a su voluntad, más que a los hombres y a sus intrigas.

La reunión estaba a punto de finalizar. La última parte se dedicó a presentar diversas opciones por parte de los blancos, pero ninguna de ellas fue aceptada por la delegación negra. Todo seguía igual y la vía del diálogo comenzaba a desgastarse. Por ello, se hizo necesario iniciar un procedimiento legal.

Mientras éste se llevaba a cabo, comenzaron las reacciones por parte de la población blanca. Se pusieron en práctica varias estrategias, entre ellas la de difundir falsos rumores. El *Advertiser* de Montgomery publicó un artículo contra King en el que se le acusaba de beneficiarse de los fondos de la MIA. Se llegó a decir, incluso, que se había comprado un Cadillac último modelo para él y un Buick para Coretta. Pero era un infundio demasiado ingenuo para creérselo.

El sábado 21 de enero de 1955, un periodista llamado Carl Rowan se enteró de que el *Advertiser* dominical informaría que los negros habían aceptado romper el boicot. Rowan telefoneó a King.

—Según dice el teletipo, *todos los negros volverán a utilizar el autobús el lunes por la mañana* —leía Rowan—. Además, especifica las condiciones del acuerdo.

—Es imposible —dijo King sorprendido—. Nosotros no hemos llegado a ningún acuerdo.

La sorpresa de la noticia fue estruendosa. Era preciso actuar con rapidez. Quedaban pocas horas y no parecía sencillo salir al paso de la falsa información difundida por la agencia Associated Press. La noche del sábado fue de un trabajo increíble: de bar en bar, casi de casa en casa, los líderes negros informaron a la población sobre el hecho.

El lunes por la mañana volvieron a circular por las calles de la ciudad los autobuses vacíos. Ante esta noticia, el alcalde hizo unas declaraciones:

—Se trató de llegar a un acuerdo de forma honrada y sincera, pero ahora hay que dejarse de rodeos porque ya hemos perdido demasiado tiempo. Los negros creen que los blancos estamos arrinconados —continuó el alcalde—, pero los blancos no nos preocupamos, ni estamos alarmados por los pasajeros negros del autobús. Cuando los negros decidan interrumpir el boicot, y si desean hacerlo sinceramente, mi puerta está abierta para ellos. Pero hasta que no estén dispuestos no habrá más conversaciones.

Con esta acción se puso de manifiesto la actitud negativa de los blancos, lo que reforzó la unidad de la comunidad negra, incluso en momentos difíciles como los que vendrán a continuación: la acción policial y las oleadas de violencia del Ku Klux Klan, que azotaron esta unidad, pero no consiguieron minar su moral.

¡Hay una bomba en tu casa!

La policía de Montgomery arrestaba a los conductores negros por infracciones mínimas y les hacían pasar la noche en la cárcel. El jueves 26 de enero de 1956, por la tarde, King cogió su coche para ir a recoger a unos cuantos pasajeros. Cuando éstos se apearon del coche, un policía se dirigió a King.

—Salga, reverendo King. Está arrestado por conducir a cincuenta kilómetros por hora en una zona de cuarenta kilómetros por hora.

Martin no protestó. Mientras era conducido al coche patrulla, decía a un amigo suyo:

—Dile a Coretta que no se preocupe, pero hoy paso la noche en la cárcel.

Era la primera vez que King iba a la cárcel. Aunque, por desgracia, pronto le resultaría una situación muy familiar. Al entrar en el calabozo, junto a otros presos negros, hubo una reacción inmediata: todos le conocían. Mientras se contaban unos a otros los motivos de su estancia allí, un carcelero fue a buscar a King:

—King, acompáñeme.

Martin siguió al policía. Los presos le daban ánimos.

—Ayúdanos a salir de aquí —decía uno.

—¡Lucha por nosotros! —gritaban otros.

—¡No te olvides de nosotros cuando estés fuera! —coreaban casi al unísono.

Pero a King no le pusieron en libertad. Le tomaron las huellas dactilares, lo que hizo que sus esperanzas de salir se esfumaran. King estaba asustado. No sabía lo que podía ocurrirle. Una multitud, que había rodeado el edificio, exigía que lo soltaran. Esto supuso una fuerte presión para el comisario que, inmediatamente, dejó en libertad a King.

Esta acción policial resultó beneficiosa para Luther King, ya que, sin pretenderlo, contribuyó a aumentar su prestigio de líder. Ahora se había convertido en un símbolo de una nueva política en Estados Unidos. Cuando se extendió la noticia del arresto de King, la prensa de todas partes se desplazó a Montgomery. Para cuando el caso del boicot llegó a los tribunales, había en la ciudad periodistas de más de diez países extranjeros.

Además de los medios de comunicación, la violencia también hizo acto de presencia en Montgomery de la mano del Ku Klux Klan. Día tras día aumentaba el número de negros que recibían postales firmadas con las terribles tres «K» y que solían añadir la siguiente amenaza: «Salga de la ciudad o lo mataremos». King recibía cada día unas cincuenta cartas de ese estilo y constantes llamadas telefónicas anónimas y amenazadoras.

—Escucha, negro —decía una voz cuando King descolgaba el auricular—, haremos contigo lo que queramos; antes de la próxima semana estarás arrepentido de haber venido a Montgomery.

Hay que señalar que King llegó a estar bastante asustado, hasta el punto de que el nerviosismo se notaba en sus sermones, a pesar de que él intentaba disimularlo. Una noche, en la iglesia de Dexter, después de bajar del púlpito, mamá Pollard, una anciana de la congregación, le dijo:

—Ven aquí, hijo. Algo anda mal contigo esta noche —dijo mientras le abrazaba—. Hoy no hablaste con mucha fuerza.

—¡Oh no!, mamá Pollard. Me siento tan bien como siempre.

—No puedes engañarme —replicó ella—. Sé que algo anda mal. ¿Es que no hacemos las cosas como te gustan? ¿O te están molestando los blancos?

Mamá Pollard volvió a abrazar a King mientras le susurraba al oído:

—Te he dicho que estamos todos contigo; pero si nosotros no estamos, Dios te cuidará.

Aunque las palabras de mamá Pollard le habían dado ánimos, éstos pronto se vinieron abajo, sobre todo cuando Ralph Abernathy entró en la iglesia unos minutos después, con cara de terror.

—¿Qué ocurre, Ralph? —preguntó Martin al verle tan asustado.

—¡Han colocado una bomba en tu casa!

King, consternado, salió de la iglesia con Abernathy.

—¿Coretta y la niña están bien? —preguntó mientras corrían.

—Es lo que estamos tratando de averiguar —dijo angustiado su amigo.

Afortunadamente no habían sufrido ningún daño porque, al escuchar el ruido de algo que caía sobre el porche,

Coretta cogió a su hija y se dirigió a la parte trasera de la casa. Coretta estaba muy tranquila cuando Martin llegó a casa, y aquella tranquilidad calmó el ánimo de King.

La noticia se difundió rápidamente, y pronto un grupo de negros armados y dispuestos a iniciar un tiroteo se reunió en la puerta de la casa de King. Éste salió al porche. Levantó la mano pidiendo silencio y trató de calmar los ánimos. Logró tranquilizar a la muchedumbre. Pero la emoción en King fue subiendo de tono:

—Yo no inicié este boicot. Vosotros me pedisteis que os representara. Quiero que se sepa, a lo largo y ancho de esta tierra que, si me matan, este movimiento no se detendrá. Si yo soy aniquilado, nuestra tarea continuará. Lo que estamos haciendo es correcto. Lo que estamos haciendo es justo. Y Dios está con nosotros.

Después de enardecer los ánimos de todos, concluyó:

—Regresad a vuestras casas y dormid tranquilos.

Este incidente contribuyó a unir más a la comunidad negra, y a convertir a King en un símbolo. Había conseguido hacer efectiva una doctrina de protesta no violenta.

El 13 de febrero de 1956, el Tribunal Supremo de Montgomery declaraba ilegal el boicot. Se produjeron centenares de detenciones. Las cámaras de televisión se desplazaron hasta el tribunal para hablar con los procesados, entre ellos King. Éste salía después de ser juzgado. La gente gritaba y vitoreaba.

—¡Viva el rey! ¡King es el rey![11]

---

11. Juego de palabras: en inglés *king* significa «rey».

Una periodista del *New York Times* le preguntó:

—¿Cuál ha sido la resolución del tribunal, reverendo King?

—Culpable —contestó King sereno.

—¿Y qué le parece?

—Esta sentencia y todas las que puedan acumular contra mí no disminuirán un ápice mi determinación y no acabarán con este movimiento.

La entrevista apareció en el *New York Times* y contribuyó, junto a otras declaraciones de King para los medios informativos, a crear un mayor apoyo y más partidarios de esta lucha en todas partes. El 11 de mayo de 1956 un Tribunal Federal declaraba anticonstitucionales las leyes de segregación en los servicios de transporte públicos.

El fallo del Tribunal a favor de la MIA suponía el triunfo del movimiento. Por primera vez eran los vencedores en un tribunal de hombres blancos, aunque la victoria no era todavía definitiva, ya que los abogados de la ciudad recurrieron al Tribunal Supremo de Estados Unidos.

King, después de la tensión de aquellos días, decidió marcharse con Coretta y su hija Yoki a California. Tan sólo una semana después surgieron problemas en el seno de la MIA. El reverendo Fields dimitió por desavenencias con otros miembros, a los que acusaba de corrupción. King, de nuevo en Montgomery, solucionó el problema al obligar a Fields a pedir disculpas ante la congregación, por difundir calumnias que dañaban la integridad de la asociación.

Pero los problemas continuarían al poner fin el Ayuntamiento a la mancomunidad de coches creada para el transporte de la población negra durante el boicot. Aunque esto supuso un duro golpe, pronto el movimiento se vería recompensado por tanto esfuerzo, al hacerse pública la resolución del Tribunal Supremo. King fue el primero en conocerla al comunicárselo un periodista.

—Aquí está la decisión que usted ha estado esperando. Lea esto.

El nerviosismo y el gozo de Martin Luther King no tenían límites. Lleno de alegría y con la voz temblorosa por la emoción, King leyó el texto:

—«El Tribunal Supremo de Estados Unidos confirma hoy una decisión de tres jueces especiales del Tribunal de U.S. District, declarando anticonstitucionales las leyes locales referentes a la segregación en los autobuses. El Tribunal Supremo dictaminó sin prestar atención a argumento alguno; simplemente dijo que la petición ha sido concedida y el fallo ha sido confirmado.»

La comunidad negra de Montgomery había triunfado en su larga lucha por la integración racial en los transportes urbanos. Ahora había que organizarse para el pacífico regreso a los autobuses boicoteados. King, en su primer sermón después de la resolución, hizo una serie de sugerencias a sus feligreses:

—Ésta es una semana histórica porque la segregación en los autobuses se ha declarado inconstitucional. Dentro de pocos días, la orden del Tribunal Supremo llegará a Montgomery y volveréis a subir en autobuses integrados. Esto supone para vosotros la tremenda responsabilidad de mantener, ante cualquier incidente que surja, una tranquilidad y una dignidad propias de buenos ciudadanos y miembros de nuestra raza. Si se producen violencias de palabra u obra, no debemos ser nosotros quienes las cometan.

Pero las buenas intenciones de la comunidad negra no iban a ser suficientes. La ciudad no estaba dispuesta a aceptar «su» derrota sin luchar. El Ku Klux Klan continuaría con su política de amenazas, pero esta vez se iban a llevar una sorpresa: el miedo no va a conseguir que los negros se queden en sus casas. Al contrario, salen a la calle para demostrar su alegría y su valor ante esta cobarde organización.

El día 21 de diciembre de 1956, después de 358 días de dificultades, se pone fin al boicot. A las 5.55 de la mañana, Martin Luther King, con Ralph Abernathy, Nixon y un ministro protestante de raza blanca, Glenn Smiley, aguardan en la parada la llegada del que iba a ser el primer autobús integrado de Montgomery. Ante las cámaras de televisión, periodistas y fotógrafos, King, a las seis en punto de la mañana, sube al autobús.

—Creo que es usted el reverendo King, ¿no? —preguntó, complaciente, el conductor.

—Sí, soy yo —respondió con amabilidad.

—Es un placer tenerle entre nosotros esta mañana —concluyó el conductor.

Martin le dio las gracias y pasó hacia adentro. Abernathy, Nixon y Smiley siguieron a King.

—Tome asiento a mi lado, si hace el favor, reverendo Smiley —dijo King.

Ésta fue la imagen del día, y para muchos la imagen que marcaba el inicio de una nueva época: dos ministros religiosos, uno blanco y otro negro, sentados juntos en el primer autobús integrado de Montgomery.

Pero desgraciadamente la mañana no iba a discurrir sin incidentes. Los blancos no pudieron contener sus insultos ni su hostilidad. Un blanco, por ejemplo, abofeteó a una negra cuando ésta descendía del autobús. La mujer, siguiendo las instrucciones de no violencia, reprimió su indignación y su ira.

Este tipo de incidentes se repitieron en los días siguientes llegando a producirse una oleada de violencia: una joven de quince años fue golpeada por un grupo de encapuchados; una mujer embarazada resultó herida al ser alcanzada por una bala en un tiroteo; los linchamientos y las explosiones se hicieron más frecuentes. King recibió constantes amenazas y cientos de octavillas contra su persona fueron distribuidas por toda la ciudad.

Él y Abernathy fueron a Atlanta para organizar la Primera Conferencia de Líderes Negros. El día 10 de enero, a las dos y media de la madrugada sonó el teléfono en la casa de los King en Atlanta. Era Juanita Abernathy. Quería hablar con su esposo:

—Ralph, han puesto una bomba en nuestra casa.

—¿Estás bien? ¿Y la niña? ¿Le ha pasado algo? —preguntó Ralph.

—Gracias a Dios estamos bien, pero la casa está destrozada —contestó llorando—. Se han oído tres o cuatro explosiones más en la ciudad.

El clima de terror se apoderó de Montgomery. King y Abernathy tuvieron que regresar. Martin, con el ánimo bastante decaído, tenía la obligación de dar fuerzas a aquella comunidad azotada por la violencia de los blancos. En un sermón en la iglesia de Dexter dijo:

—Señor, espero que nadie muera como resultado de nuestra lucha por la libertad en Montgomery. Pero si alguien tiene que morir, que sea yo.

King sabía que ser líder podía costarle la vida, pero siguió luchando. Todavía quedaba mucho camino por recorrer en la lucha por los derechos civiles de los negros. Aquello sólo había sido el principio. Un principio que transformaría la vida de Martin Luther King y cambiaría la política y la sociedad norteamericanas para siempre.

Los jóvenes creen en Luther King

El 1 de febrero de 1957, cuatro jóvenes entraron en una cafetería segregada de Greensboro (Carolina del Norte) y se sentaron en una zona reservada para blancos.

—Oiga camarero, ¿me puede poner un helado? —dijo uno de los cuatro jóvenes.

—Lo siento chico, pero en esta barra no servimos a negros —le contestó el camarero.

—Ya, pero nos gustaría que nos sirviera aquí, por favor —dijo otro.

—Imposible. Si queréis que os sirva tendréis que ir a la zona para negros.

—Está bien. Mientras no nos sirva en esta barra no nos moveremos de aquí.

Así comenzaba la sentada de protesta en Greensboro. Un día más tarde los cuatro manifestantes se pusieron en contacto con el líder del Consejo Juvenil del NAACP (Asociación Nacional para el Progreso de la Gente de Color). La noticia se extendió rápidamente y al tercer día el número de manifestantes superó los ochenta. Los empresarios blancos, en vez de amenazar con hacerlos arrestar, retrocedieron confundidos y avergonzados. Los negros habían descubierto una nueva actitud defensiva dentro del segregado mundo blanco.

El lunes siguiente, antes de que se reprimiera seriamente la manifestación en Greensboro, se iniciaron nuevas sentadas en las ciudades de Raleigh, Durham y Winston-Salem, todas de Carolina del Norte. Pero la policía empezó a intervenir: arrestó a cuarenta y un estudiantes que estaban sentados en la tienda Cameron Woolworth de Raleigh. Esposados, los estudiantes cruzaron el umbral de la cárcel con los ojos cerrados y el corazón latiéndoles violentamente y, al igual que sucediera en Montgomery cuatro años antes, pronto pudieron salir bajo fianza.

Inspirados por el papel de King en el boicot, los estudiantes habían encontrado una nueva forma de protesta no violenta, y lo único que hicieron fue pedir comida en un mostrador reservado para blancos. Los cuatro jóvenes de Greensboro mostraron el camino a King. Después de haber ido a África y a la India, y de haber recorrido el país, encontró la respuesta en una cafetería segregada de Greensboro en Carolina del Norte.

En los meses anteriores, después del boicot a los autobuses de Montgomery, King recorrió todo el país hablando del éxito de la protesta, con la esperanza de encontrar nuevas soluciones que le permitieran conseguir algún nuevo triunfo social. En Atlanta crea, junto a otros líderes negros, la Conferencia de Líderes Cristianos del Sur (SCLC), que acabará convirtiéndose en la plataforma de acción de los líderes sureños.

Pero además de los triunfos también llegaron los problemas: el 3 de septiembre de 1958 es arrestado de nuevo en Montgomery, acusado de desacato a la autoridad. Todo ocurrió en el Tribunal de Registro de Montgomery, donde juzgaban a Abernathy, amigo de King. Al llegar a la sala no le dejaron pasar.

—¿Adónde va usted? —le preguntó un sargento de policía que estaba en la puerta.

—Estoy esperando para hablar con mi abogado, Fred Gray —le dijo King al sargento con la esperanza de que Gray, el abogado de Abernathy, consiguiera que le dejaran pasar.

—Si no se marcha de aquí, el que necesitará un abogado será usted —contestó el sargento.

Cuando King espió dentro de la sala para ver si Gray venía en su ayuda, la paciencia del sargento se agotó.

—OK, muchacho, lo conseguiste —dijo mientras hacía señales a otros dos oficiales.

Cogieron brutalmente a King por la espalda, empujándolo hacia la puerta. Los negros que pasaban por allí lanzaron exclamaciones de horror al ver el trato violento a que era sometido King, lo que indujo a los policías a ser más brutales. Un policía lo empujaba hacia adelante mientras otro le retorcía el brazo. Una vez en comisaría, continuaron los malos tratos hasta que lo condujeron a una celda.

Pagada la fianza, King salió de la comisaría y allí encontró a su esposa y amigos en medio de un gran grupo de simpatizantes, algunos de ellos llorando. Al día siguiente, muy temprano, King fue juzgado y condenado a pagar una multa de catorce dólares o permanecer catorce días en la cárcel. King se negó a pagar la multa:

—Me han declarado culpable —dijo dirigiéndose al tribunal—, pero, en conciencia, no debo pagar una multa por un acto que no he cometido y, sobre todo, por el trato brutal que yo no merecía. Con todo el respeto a su señoría y a su tribunal, me siento obligado a adoptar esta actitud.

Pero fueron las palabras finales de King las que causaron mayor impresión en la audiencia:

—*Tiene que suceder algo para despertar, antes de que sea demasiado tarde, la soñolienta conciencia de América. Ha llegado el momento en que quizá sólo los actos voluntarios y no violentos, de sufrimiento por parte de los inocentes, puedan impulsar a esta nación a suprimir el azote de brutalidad y violencia infligida a los negros, que sólo quieren caminar con dignidad ante Dios y el hombre*[12].

Después de estas palabras se hizo un largo silencio; el comisario de policía, consciente de los efectos negativos que produciría la detención de King, pagó de su bolsillo la multa. Quedaba demostrado que Luther King se había convertido ya en un auténtico líder y en una figura pública de relieve.

Pero la nueva fama que iba cosechando King también incrementaba el riesgo de un atentado mortal. Como efectivamente había ocurrido en mayo de 1958 en el barrio neoyorquino de Harlem, cuando King recibió una puñalada en el pecho mientras firmaba ejemplares de su libro *Los viajeros de la libertad*. Con un gesto brusco y rápido, Isola Curny, tal era el nombre de la frustrada homicida, clavó un afilado abrecartas en el pecho de King. Trasladado de inmediato al hospital de Harlem, fue intervenido con éxito. Tras dos semanas de convalecencia, fue dado de alta.

---

12. Extraído del libro *El clarín de la conciencia*, de Martin Luther King. Editorial Aymá, 1973.

No había sido este incidente un atentado político o racial, sino un acto aislado producido por el estado de enajenación mental de la agresora. Aun así, y a pesar de que el atentado supuso el fortalecimiento de su imagen pública, lo sucedido le hizo ver a King lo vulnerable que le hacía su papel de nuevo líder.

Mientras se estuvo recuperando en su hogar, King experimentó un periodo de relativa calma. No pronunció discursos ni sermones fuera del púlpito de Dexter, aunque le reclamaron en muchas partes del país. Por esta época, comenzaron los jóvenes a pedir el apoyo de King a través de cartas o conversaciones telefónicas.

Las manifestaciones llevadas a cabo por estudiantes, siguiendo el modelo pacifista de King, continúan. Martin, a su regreso de un viaje a la India, recibe la noticia de una marcha juvenil desde Nueva York a Washington. El sector de la población en quién él había puesto sus esperanzas, los jóvenes, estaba reaccionando.

Hasta ese momento, los actos reivindicativos de los estudiantes no habían tenido mucho éxito. Pero la sentada llevada a cabo el 1 de febrero de 1957 en la cafetería de Greensboro inició un nuevo rumbo en la lucha estudiantil. Desde entonces, las protestas de jóvenes negros ante establecimientos segregados se extenderán por todo el Sur.

En Nashville, James Lawson organizó el movimiento estudiantil. Los estudiantes eran reclutados en los campus, alojados en las iglesias y aconsejados por los pastores. A finales de febrero, las campañas de sentadas se desarrollaban en treinta y una ciudades sureñas de ocho Estados. En general, los medios de comunicación les dieron poca cobertura, sobre todo porque la gente pensaba que los caprichos de los estudiantes eran acontecimientos pasajeros.

—Si Woolworth y las otras tiendas creen que ésta es solamente otra manifestación infantil —declaraba Moore, uno de los líderes de los estudiantes, a los periodistas— significa que hace tiempo que no han enviado a sus sociólogos a la calle.

Aunque los estudiantes solicitaron a Martin, en repetidas ocasiones, que se uniera a sus reivindicaciones, los predicadores de Atlanta no se lo consintieron. Si en un principio apoyó la causa con moderación para evitar enfrentamientos con los líderes más conservadores, sin embargo, ante la insistencia de los jóvenes, King decidió visitar Carolina del Norte junto con Abernathy. Ambos se dirigieron al establecimiento de comidas F. W. Woolworth en el centro de Durham, clausurado por empleados de la empresa, con la esperanza de que su cierre hiciera desistir de su protesta a los estudiantes. Aquella misma noche, King se dirigió a una multitud de jóvenes allí congregados:

—Estoy aquí esta noche para daros mi apoyo en esta lucha no violenta. Hay que acabar con la segregación, pero sin alzar las armas, sólo el arma del amor es eficaz. Por eso, deberéis ser fuertes, soportar las críticas, incluso los golpes. Aunque —seguía diciendo ante el apasionado público— sufráis un fracaso inicial, sed constantes. Seguid la lucha, porque ya es hora de acabar con la opresión. Las ideologías que sustentan la segregación son opuestas a la democracia y al cristianismo, por lo que hay que acabar con ellas.

Después de una oleada de aplausos y vítores, King añadió:

—Lo que es nuevo e inédito en vuestra lucha es el hecho de que ésta fue iniciada, dirigida y llevada a cabo por estudiantes. Los estudiantes norteamericanos han alcanzado la mayoría de edad. Vosotros tomáis ahora sus lugares privilegiados en la lucha mundial por la libertad.

Acabado el discurso, King abrazó a los estudiantes por haber dado el paso que él había estado buscando todos esos años. Martin les brindó su apoyo, pero todavía no estaba preparado para unirse a ellos. Seguía coartado por los predicadores negros de Atlanta que no apoyaban ese tipo de lucha.

Atrapado entre los estudiantes y la cauta élite negra, King optó por los estudiantes. Fue el único líder que se dio cuenta de que éste era el nuevo camino que debían seguir, y así lo manifestó públicamente a través de los medios de comunicación.

—¿Qué opina acerca del movimiento estudiantil? —le preguntó un periodista con motivo de la visita a Durham.

—Este movimiento quiere extirpar del cuerpo de nuestra nación una enfermedad cancerosa que impide que haya una democracia sana.

—¿Cree que las sentadas son un buen método?

—Bien, es una cruzada sin violencia. No hay un intento por parte de los manifestantes de aniquilar al adversario; se trata de convencerle, aunque esto resulte muy difícil.

—¿Qué les diría a esos jóvenes?

—Que sean fuertes —contestó mientras miraba fijamente a la cámara—. No debemos tener miedo de ser encarcelados. Si los funcionarios amenazan con arrestarnos por sostener nuestros derechos, debemos responder diciendo que estamos dispuestos y preparados a llenar las cárceles del Sur... Os animo a continuar la lucha. Llenad las cárceles, si es preciso, pero no os rindáis.

¡Llenad las cárceles!

¡Llenad las cárceles!, ese iba a ser el nuevo grito de guerra de King. Y así ocurrió. El primero en ser arrestado fue el propio King. Dos alguaciles de Georgia fueron a Atlanta con una orden de arresto para King, a quien acusaban de perjurio en Alabama. King se entregó y fue llevado a prisión, donde pudo hablar con su padre.

—Me han arrestado y ni siquiera sé lo que he hecho.

—El abogado me ha dicho que te acusan de no pagar unos impuestos —le contesta su padre.

—¿Y eso es perjurio?

—No; dicen que mentiste al decir que los habías pagado.

—Pero eso no es cierto —protestaba King.

La noticia del arresto de King se extendió muy rápidamente. Los periódicos negros le apoyaron incondicionalmente, al igual que los estudiantes. Los jóvenes de Nashville, dirigidos por Lawson, continuaban sus sentadas, siguiendo los consejos que les había dado King antes de ir a la cárcel. Pero el viernes 26 de febrero de 1957 el jefe de policía les hizo esta advertencia:

—Chicos, el periodo de gracia ha terminado. Los comerciantes de la zona céntrica han solicitado arrestos por intrusión y por conducta escandalosa si continúa la sentada.

A pesar de la advertencia, al día siguiente, los estudiantes marcharon en silencio para ocupar los lugares asignados. Llevaban pancartas con frases como *Recordad las enseñanzas de Jesús, Gandhi, Thoreau y Martin Luther* King, o *¡Llenemos las cárceles!* Al llegar a los establecimientos, estudiantes blancos atacaron a las tropas pasivas de Lawson.

—¡Cobardes! ¡Negros! —gritaban algunos de los jóvenes blancos.

—¡Vosotros, negritos apestosos, marchaos a vuestras casas! —decían otros mientras tiraban piedras.

En un momento dado, los jóvenes blancos comenzaron a golpear a los estudiantes negros y a tirarles cigarrillos encendidos. Pronto intervino la policía, que no se cansaba de repetir las mismas palabras: *queda arrestado.* Setenta y siete negros fueron esposados y llevados a comisaría.

Después de pasar el fin de semana en la cárcel, fueron juzgados el lunes por la mañana. Aquel día se produjo un gran revuelo en el juzgado, cuando la portavoz de los estudiantes, Diane Nash, dijo al juez:

—Su señoría, quiero decirle que hemos decidido elegir la cárcel antes que pagar la multa.

—¿Y a qué se debe esa resolución, señorita?

—Creemos que si pagamos esas multas estaríamos contribuyendo a la injusticia y a las prácticas inmorales que se ejercieron al arrestar y condenar a los acusados, además de apoyarlas.

Diane Nash, junto a más de setenta estudiantes, fueron conducidos a la prisión, lo que produjo un gran escándalo entre algunos negros de la ciudad, que consideraban injusta la detención, máxime cuando los culpables habían sido los pandilleros blancos. La noticia había conmocionado a la población negra de Nashville, que decidió concentrar las manifestaciones, dirigidas por James Bevel, junto a la cárcel. Esta situación forzó al alcalde Ben West a pactar con los manifestantes.

—Señor Bevel, le propongo un acuerdo —dijo el alcalde en una reunión con el líder estudiantil—. Le ofrezco dejar en libertad a los estudiantes a cambio...

—... a cambio de que cesen las manifestaciones —continuó aquél cortándole la frase.

—Eso es. ¿Está de acuerdo?

—¿Y entonces, qué? —preguntó Bevel.

—¿Cómo que entonces, qué?

—Si nosotros volvemos a nuestras casas, a usted se le acaban los problemas; pero, cuando uno de nosotros quiera ir a una cafetería y sentarse en la barra reservada para los blancos, ¿qué ocurrirá?

—Está bien. Haré unas recomendaciones sobre segregación en las tiendas céntricas.

Después de este acuerdo, los estudiantes salieron de la cárcel. Diane Nash se dirigió al establecimiento de comidas de la terminal de autobuses Greyhound. Él y los otros estudiantes se sorprendieron cuando, al entrar en el restaurante, los camareros los atendieron sin el menor incidente. La segregación parecía que se había acabado en Greyhound.

Pero no iba a ocurrir lo mismo en Montgomery, donde los establecimientos continuaban estando segregados. Allí, un grupo de treinta y cinco estudiantes, que seguían el modelo iniciado en Greensboro, entraron en una confitería y pidieron ser atendidos. Fueron rechazados y tuvieron que marcharse. Este pequeño incidente dio lugar a una reacción feroz: cuatro mil negros, incluida la mayor parte del estudiantado de Alabama, se reunieron dos días más tarde en la iglesia baptista de la calle Hutchinson. Allí, el líder estudiantil Bernard Lee, gran admirador de King, les dijo:

—Debemos seguir el ejemplo de nuestros compañeros en Nashville. En estos días han soportado la presión de las autoridades y los golpes de los blancos. Mañana nosotros iremos a todos los establecimientos de comida del centro y nos sentaremos, pacíficamente, para protestar.

El anuncio de las sentadas hizo que jóvenes blancos, armados con bates de béisbol, se dirigieran a las tiendas donde llevaron a cabo acciones violentas. Mientras, King fue hallado culpable por el Tribunal del Distrito de Montgomery. Después de que le tomaran las huellas digitales, salió en libertad condicional. Se dirigió de inmediato al lugar donde una mujer había sido agredida. Allí declaró al pequeño grupo de negros que le había seguido:

—Mi propósito al venir a este lugar, testigo de una tragedia, es demostrar que, aunque me espere la cárcel, persisto en la no violencia. Hay que proseguir la lucha porque los negros no podemos ser intimidados de esta forma.

El movimiento de sentadas se extendió a Georgia, Virginia occidental, Texas y Arkansas. Pero King tenía además otra gran preocupación: el proceso judicial contra él podía llevarle a la cárcel durante mucho tiempo. Obtuvo el apoyo del cantante Harry Belafonte, que publicó una nota en el *New York Times* a toda página en la cual decía:

La acusación de perjurio que pesa sobre King forma parte de una estrategia sureña para decapitar este movimiento afirmativo, y así desmoralizar a los negros norteamericanos y debilitar su voluntad de lucha.

Pero la lucha de los estudiantes no se debilitó. El 15 de abril de 1957, ciento cincuenta estudiantes fueron a Carolina del Norte donde habían tenido lugar las primeras sentadas diez semanas antes. Allí, los estudiantes escucharon las palabras de uno de sus líderes, James Lawson:

—El amor es el tema central de la no violencia. El amor es la fuerza con que Dios ata al hombre a sí mismo y a los hombres entre sí. Tal amor es extremo, se mantiene cariñoso y perdona incluso en medio de las hostilidades.

La lucha continuaría, pero no sería fácil. En Nashville, por ejemplo, estalló una bomba en la Facultad de Medicina, que causó algunos heridos y graves daños materiales. La noticia del atentado conmocionó a toda la ciudad, que respondió de forma unánime: aquella misma mañana, más de tres mil personas, incluidos algunos blancos, marcharon juntos casi dieciséis kilómetros atravesando la ciudad.

El alcalde Ben West recibió a la enorme multitud desde el Ayuntamiento e hizo una serie de declaraciones ante la prensa y los manifestantes.

—Manifiesto mi condena al atentado que se ha producido esta mañana, y considero que sólo puede ser obra de unos asesinos. Por eso, prometo aplicar la ley de forma imparcial y hacer todo lo posible para capturar a esos criminales.

—¿Y qué pasa con la segregación? ¿Va a prohibirla de una vez? —gritó un joven.

—Tenéis que comprender que carezco de poder para exigir a los dueños de los establecimientos que cambien su actitud. Lo único que puedo decir es que estoy apenado por el incidente de esta mañana. Somos todos cristianos, así que oremos todos juntos.

—¿Qué tal si comemos todos juntos? —contestó Diane Nash, quien se abrió camino hacia el micrófono—. ¿No va a pedir a todos los ciudadanos que detengan la discriminación racial?

—Bien, apelo a todos los ciudadanos para detener la discriminación racial, la intolerancia, el prejuicio, el odio —contestó West.

—¿Incluye también a los establecimientos de comidas? —insistió Nash, que estaba de pie, cara a cara con el alcalde.

—Jovencita —dijo en tono paternal el alcalde—, hace siete años, al ocupar mi puesto de alcalde, detuve la discriminación en el aeropuerto y desde entonces no ha habido problemas.

—Entonces, señor alcalde, ¿aconseja usted que los establecimientos de comidas sean integrados?

—Sí —contestó el alcalde.

Este monosílabo pronunciado por West provocó los aplausos de todos los presentes. La segregación había recibido un duro golpe. Martin se desplazó a Nashville para celebrarlo y felicitar a los estudiantes:

—*Con esta lucha que han mantenido con tesón y constancia, han demostrado que se pueden conseguir las cosas sin hacer uso de la violencia. Son un ejemplo a seguir por todos. Pero piensen que la lucha no ha terminado. Hay que ser realistas. Nin-*

guna mentira puede vivir eternamente. No desesperemos. El universo está de nuestro lado. Trabajen juntos, chicos. No desfallezcan[13].

---

13. Extraído del libro *La fuerza de amar*, escrito por Martin Luther King. Edición consultada: Argos Vergara, 1978.

La policía enloquece en Birmingham

Todo empezó el 3 de abril de 1963, cuando doscientos cincuenta jóvenes voluntarios se dispersaron en grupos pequeños que entraban en los restaurantes o en los almacenes. Allí, silenciosamente, se sentaban y aguardaban. Sabían lo que les esperaba y estaban preparados para ser arrestados. Pronto llegó la policía.

—Venga, jovencitos, ya pueden ir desalojando —decía el *sheriff Bull*[14] Connor a los manifestantes—. No tienen permiso de manifestación.

—No nos iremos de aquí —contestó Shuttlesworth, uno de los líderes del movimiento—. Exigimos justicia.

—Pues voy a hacer justicia: estáis todos arrestados —dijo *Bull* Connor.

La prensa local, después de conocer la noticia de las sentadas, rodeaba a los policías y manifestantes y los bombardeaba con preguntas.

—Señor Connor, si se siguen produciendo este tipo de actuaciones ¿cree que podrá mantener a Birmingham en su actual estado de segregación?

—Quizá no pueda, pero moriré intentándolo.

---

14. En inglés, *toro*; apodo del *sheriff* Connor.

—¿Cómo piensa frenar a los manifestantes?

—Encarcelaré a cada negro que desafíe la segregación. Llenaré las cárceles —contestó Connor.

Los setenta y cinco jóvenes que se habían reunido estaban dispuestos a ir a prisión, pero sólo cuatro de ellos fueron encarcelados. Esto suponía un fracaso. King no sabía qué hacer, así que organizó marchas de protesta hacia el Ayuntamiento. Pero ninguna iniciativa resultaba eficaz. La prensa no daba cobertura a ese tipo de acciones. Los titulares de las noticias sobre Birmingham, si las había, eran «La campaña de integración decrece», «Las sentadas y un plan de manifestaciones no se materializan», «Las manifestaciones no avanzan», entre otros.

Ni la gente, ni tampoco la prensa estaban interesadas en Birmingham. Luther King quería organizar un movimiento que atrajera la atención nacional. Sólo así se podría vencer a las autoridades. Éstas, por su lado, llevaron a cabo una serie de iniciativas legales para evitar las manifestaciones. Connor consiguió una orden judicial que prohibía las manifestaciones de los negros.

La noche en que se hizo pública la orden judicial, King se encontraba en la habitación número 30 del motel Gaston con varios amigos. Su movimiento se debilitaba y no sabían qué hacer.

—No tenemos dinero para pagar las fianzas —dijo King—, y no podemos enviar a la cárcel a más voluntarios sin garantizarles la fianza.

—Tienes razón —dijo Abernathy—. Podrían estar en la cárcel seis meses en lugar de seis días.

—No lo podemos permitir. Pero si les decimos esto a

los voluntarios acabaremos con el poco entusiasmo que queda. Seré yo el que vaya a la cárcel —determinó Martin.

—Estás loco, Martin —contestaron sus amigos—. ¿Sabes cuánto tiempo estarías en prisión?

—No lo sé. No me gustaría pasar el resto de mis días en la cárcel, pero no veo otra opción. No podemos dejar que el movimiento decaiga.

—Está bien, Martin —le dijo su amigo Ralph Abernathy—. Si ésa es tu decisión, te apoyaremos en todo momento.

El Viernes Santo, King y Abernathy, junto con un grupo de cuarenta voluntarios, inician una manifestación, ante las miradas de una multitud de negros que se había congregado en el Ayuntamiento para ver el enfrentamiento entre King y Connor. *Cuando el grupo alcanzaba el bloqueo policial* —informaba el *New York Times* al día siguiente— *más de mil negros, gritando y cantando, se habían sumado a la manifestación. Sin previo aviso, un detective tomó a King por la parte de atrás del cinturón, lo alzó hasta ponerlo de puntillas y lo empujó hasta un coche de policía. Abernathy corrió la misma suerte, al igual que otras cincuenta y dos personas.*

Martin fue encerrado en una celda solitaria, separado de los demás, donde permaneció tres días. El lunes, su abogado, Clarence Jones, le hizo una visita.

—¿Qué tal? —preguntó Jones al verlo.

—Bastante solo. No hacía más que pensar en lo que pasaría fuera. No me permiten leer periódicos.

—Bueno, yo traigo buenas noticias —le informó Clarence—. Harry Belafonte ha conseguido hasta cincuenta mil dólares para la fianza.

—Dale las gracias de mi parte.

—También él y Walker han telefoneado a Robert Kennedy para que nos ayude a sacarte de la cárcel.

—¿Y qué ha contestado?

—Le dijo a Harry que estaba haciendo todo lo que podía, pero que no estaba seguro de poder conseguir una reforma carcelaria.

—¿Y Coretta? ¿Cómo está? No me han permitido hacer llamadas —dijo King.

—Preocupada, pero bien.

Después de la visita de Jones, King pudo hablar por teléfono con su esposa. Martin, que sospechaba que el teléfono estaba intervenido, se mantuvo evasivo.

—El presidente me ha llamado, Martin.

Éste guardó silencio.

—¿Me has oído, Martin?

—Sí, cariño.

Coretta notó algo raro en su esposo.

—¿Te vigilan? —preguntó.

—Sí —contestó él—. Presta atención. ¿Quién dices que te llamó?

—Kennedy —contestó Coretta—. El presidente.

—¿Te llamó directamente?

—Sí, y me dijo que me llamarías al cabo de pocos minutos. De eso hará media hora.

—Díselo a Wyatt. Hazlo inmediatamente.

—Kennedy me dijo que habló contigo anoche. ¿Es cierto? —preguntó Coretta.

—No, no —le dijo King—. Y no olvides decírselo a Wyatt Tee Walker para que pueda emitir una declaración.

El presidente Kennedy consiguió que King recibiera mejor trato en la prisión, pero seguía sin poder leer la prensa. Clarence Jones se la hacía llegar a escondidas.

Tras nueve días en la cárcel, King y Abernathy salieron bajo fianza. Se reunieron con los líderes del movimiento y trazaron una nueva estrategia para reactivar su lucha.

—Lo difícil es saber si una manifestación supondrá una victoria o nos producirá mayor sufrimiento —dijo King.

—Sí, pero hay que correr ese riesgo; si no, no conseguiremos nada —dijo Walker—. Tenemos que dar un paso decisivo o estamos perdidos.

—Debemos pedir a las autoridades un permiso para realizar una marcha de protesta el próximo día 2 de mayo —sugirió Shuttlesworth.

—¿Y si nos lo deniegan?

—La haremos de todas formas.

Como habían previsto, las autoridades les denegaron el permiso solicitado. Era el momento de actuar. Tenían que hacer algo llamativo para la prensa, algo que todo el mundo recordara, y más aún, algo que muchos no iban a olvidar. La idea surgió de James Bevel, uno de los líderes estudiantiles.

—Martin, necesitamos que esta manifestación sea masiva, que sature a la policía.

—Es cierto, tiene que ser algo grande, que salga en televisión —dijo King.

—Bien, pues la fórmula es muy sencilla —explicó Bevel—: los manifestantes pueden ser de cualquier edad.

—¿Te refieres a los niños?

—Sí, hay cientos de niños en Birmingham dispuestos a manifestarse. Cualquiera con edad suficiente para pertenecer a una iglesia puede participar en una marcha para la libertad.

—Tienes razón; si podemos decirle a un niño de seis años que es mayor para decidir su destino eterno, también lo es para manifestarse contra la segregación.

Una vez decidido, comenzó a organizarse la marcha de los niños. La mayoría de ellos estaban emocionados; sus padres, preocupados por lo que pudiera suceder. El mundo entero vería ese 2 de mayo de 1963 las imágenes de unos niños caminando por las calles de Birmingham y de los policías que esposaban a niños y niñas de seis años, y que los subían después a los coches patrulla.

Al día siguiente se llevó a cabo la misma estrategia. Por la mañana, otros mil niños se congregaron en la iglesia de la calle Diecisiete, desde donde iniciarían la marcha. La policía tenía orden de no hacer uso de la violencia. Nada de porras, ni perros, ni tampoco pistolas. La violencia podría volverse en contra de ellos. Por tanto, *Bull* Connor llamó a los bomberos.

Mientras los pequeños manifestantes caminaban, los bomberos les apuntaban desafiantes con las mangueras de incendio.

—Será mejor que os disperséis u os vais a mojar —gritaba el capitán Evans.

Los niños seguían caminando.

—Vosotros lo habéis querido. ¡Abrid las mangueras!

La fuerza del agua era tal que los manifestantes se vieron obligados a retroceder.

—¡Evacuad la zona! —repetía por el megáfono el capitán Evans.

La presión del agua no consiguió que los jóvenes desistieran en su empeño. Diez de ellos se mantuvieron firmes, empapados y gritando una sola palabra, «libertad». Las mangueras se concentraron en ellos. El agua les golpeaba, pero ellos resistían. Se sentaron en el suelo para ganar estabilidad.

En una tienda cercana a la zona se podía oír al dueño, un hombre negro, hablando por teléfono y relatando lo que estaba sucediendo.

—No había visto nunca nada igual. ¿Qué ocurrirá? —le decía a su interlocutor—. Si es un éxito, nos libraremos de *Bull* Connor, pero si fracasa, fortalecerá a los segregacionistas.

Después de una pausa en la que el tendero escuchaba a través del teléfono, mientras miraba por el cristal de su escaparate, dijo:

—Dios mío, están orientando las mangueras de incendio hacia una niñita negra. Y la están haciendo rodar por el centro de la calle. ¡Qué horror! Los cuerpos de los niños ruedan por el suelo llevados por el agua —le explicaba a la persona con la que hablaba—. ¡Un momento! Creo que vienen más policías. Y ahora con perros.

Las autoridades habían fracasado en su intento de repeler antes que arrestar a los manifestantes. Era necesario un método más violento. Llegaron ocho unidades de policía más, con perros. Mucha gente huyó al instante.

—Cuando yo dé la orden nos dirigiremos hacia los grupos de manifestantes para dispersarlos —gritó el jefe de policía.

Una vez dada ésta, los policías y los pastores alemanes arremetieron contra la masa de gente.

—Dios mío, los perros acaban de morder a tres adolescentes —decía el tendero—. La gente no para de gritar. Los policías golpean a los niños[15].

Además de los policías y de los curiosos, también estaba la prensa. Un fotógrafo logró captar el momento en que un pastor alemán hincaba sus mandíbulas a un joven de quince años. La fotografía, que mostraba al joven con un brazo caído pasivamente a su costado y una mirada de calma absoluta, inclinado sobre el perro que lo atacaba, se convirtió en el símbolo de Birmingham.

Aquella salvajada la pudieron ver todos los estadounidenses por televisión, incluido el presidente Kennedy, que realizó desde Washington una declaración al respecto:

—La continua negativa a otorgar iguales derechos y oportunidades a los negros hace inevitable el aumento de los desórdenes. Sin embargo, la oportunidad de las actuales manifestaciones es cuestionable. Que escolares participen en manifestaciones callejeras es un asunto peligroso. Un niño herido, inválido o muerto es un precio que ninguno de nosotros puede pagar. Hay que poner fin a las injusticias en Birmingham, con negociaciones de buena fe, y no en las calles.

Esa misma noche, los padres de los niños encarcelados fueron a una reunión en la iglesia para oír las tranquilizadoras palabras de Martin.

—Hermanos, estos días cambiarán la historia de Esta-

---

15. Extraído del libro *Martin Luther King y su tiempo*, escrito por Taylor Branch. Grupo Editor Latinoamericano, 1992.

dos Unidos. Nuestro esfuerzo servirá para enseñar a las generaciones venideras que se puede luchar pacíficamente contra la injusticia.

—Sí —gritaron al unísono.

—Hay hombres que escriben la historia —dijo Martin—. Hay otros que hacen la historia. No sé cuántos de vosotros serían capaces de escribir un libro de historia, pero ciertamente la estáis haciendo y la estáis viviendo. Y vosotros haréis posible que los historiadores del futuro escriban un capítulo maravilloso. ¡Nunca en la historia de esta nación tantas personas han sido arrestadas por la causa de la libertad y la dignidad humana!

Las televisiones de todo el país retransmitieron esas palabras que para la población negra suponían, no sólo el final de una lucha, sino también la victoria. Pero de nuevo la violencia del Ku Klux Klan entrará en escena. La admisión de dos alumnos negros en un colegio para blancos desata las iras del oscuro Klan que pone una bomba en el jardín de la casa de un abogado blanco, defensor de la causa de los negros y víctima, días atrás, de otro atentado por el que su esposa se hallaba en grave estado.

Las manifestaciones vuelven de nuevo, pero esta vez sembradas de violencia. El choque entre la policía y los manifestantes fue sangriento. Connor extremó sus medidas radicales y el resultado fue un joven negro muerto y varios gravemente heridos.

En días posteriores continúan las palizas, detenciones y linchamientos, hasta llegar al cénit de la violencia el día 15 de septiembre de 1963, cuando estalló una bomba en una iglesia frecuentada por negros: cuatro niñas mueren a consecuencia de la explosión. Luther King va a Birmingham en avión para participar en el funeral. Durante dos días y dos noches, los manifestantes negros, armados con cuchillos y pistolas, sacan a la superficie su ira reprimida.

—Cada vez resulta más difícil mantener viva la no violencia —comentaba Martin después de estos sucesos—. El problema negro está en una encrucijada y va a ser muy complicado salir de allí. La gente cada vez adopta posiciones más radicales. ¿Qué camino debo seguir? ¿Qué debo hacer ahora?

Estas dudas continuarán en los años siguientes, sobre todo cuando surgen nuevos movimientos que cuestionan la no violencia y la consideran un método poco eficaz. Aun así, después de estos históricos días de lucha, King se había convertido en el líder indiscutible del movimiento por los derechos civiles.

Martin Luther King

CUADERNO DOCUMENTAL

¿Dónde transcurrió la vida

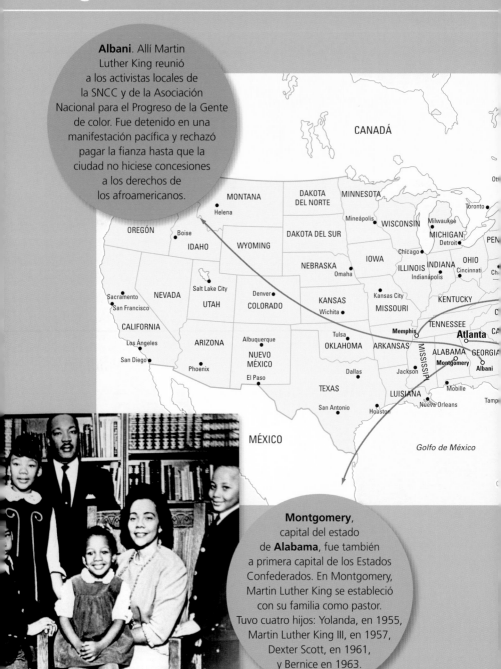

Albani. Allí Martin Luther King reunió a los activistas locales de la SNCC y de la Asociación Nacional para el Progreso de la Gente de color. Fue detenido en una manifestación pacífica y rechazó pagar la fianza hasta que la ciudad no hiciese concesiones a los derechos de los afroamericanos.

CANADÁ

MONTANA
Helena

OREGÓN
Boise

IDAHO

WYOMING

DAKOTA DEL NORTE

DAKOTA DEL SUR

MINNESOTA
Mineápolis
WISCONSIN
Milwaukee
MICHIGAN
Detroit

Toronto

Ottawa

NEBRASKA
Omaha

IOWA
Chicago
ILLINOIS
INDIANA
Indianápolis
OHIO
Cincinnati

PEN

Salt Lake City

NEVADA

UTAH

Denver
COLORADO

KANSAS
Wichita

Kansas City
MISSOURI

KENTUCKY

Sacramento
San Francisco

CALIFORNIA

Los Ángeles

San Diego

ARIZONA
Phoenix

Albuquerque
NUEVO MÉXICO
El Paso

Tulsa
OKLAHOMA

ARKANSAS

Memphis
TENNESSEE
Atlanta
ALABAMA GEORGIA
Montgomery **Albani**

MISSISSIPPI

CA

Dallas

TEXAS
San Antonio
Houston

Jackson

LUISIANA
Nueva Orleans

Mobile

Tamp

MÉXICO

Golfo de México

Montgomery, capital del estado de **Alabama**, fue también a primera capital de los Estados Confederados. En Montgomery, Martin Luther King se estableció con su familia como pastor. Tuvo cuatro hijos: Yolanda, en 1955, Martin Luther King III, en 1957, Dexter Scott, en 1961, y Bernice en 1963.

de Martin Luther King?

Washington, capital de Estados Unidos. Allí se realizó la famosa **Marcha** por el Trabajo y por la Libertad, que reunió cerca de 300.000 manifestantes. King pronunció allí su famoso discurso «Ayer tuve un sueño…».

MAINE
VERMONT
NUEVA HAMPSHIRE
MASSACHUSETTS
RHODE ISLAND
CONNECTITUT
ueva York
NUEVA JERSEY
iladelphia
DELAWARE
ington
MARYLAND
DISTRITO DE COLUMBIA
VIRGINIA OCCIDENTAL

NORTE

SUR

OCÉANO
ATLÁNTICO

CUBA

Memphis es la capital del condado de Shelby, en el estado de **Tennesse**. Allí murió asesinado Martin Luther King el 4 de abril de 1968, en el balcón de una habitación del motel donde se encontraba. Había llegado a Memphis para ponerse al frente de una marcha de apoyo a la huelga de los barrenderos negros de esa ciudad.

Atlanta es el lugar de nacimiento de Martin Luther King. Es la capital del estado de **Georgia**, al sureste de Estados Unidos, el mayor en superficie de los estados situados al este del río Misisipi. En Atlanta pasó los primeros años de su vida y estudió en el Morehouse College, una universidad reservada a los jóvenes negros, donde se graduó en sociología en 1948.

Los orígenes de la población

Una triste página de la historia. Tras el descubrimiento del Nuevo Mundo, los europeos necesitaban mano de obra. En aquel entonces, la forma legal más barata de conse-

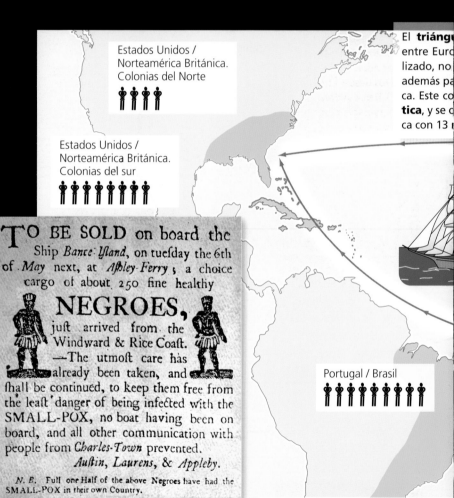

Estados Unidos / Norteamérica Británica. Colonias del Norte

Estados Unidos / Norteamérica Británica. Colonias del sur

El **triáng** entre Eur lizado, no además pa ca. Este co **tica**, y se c ca con 13

TO BE SOLD on board the Ship *Bance-Ifland*, on tuefday the 6th of *May* next, at *Afhley-Ferry*; a choice cargo of about 250 fine healthy

NEGROES,

juft arrived from the Windward & Rice Coaft. —The utmoft care hàs already been taken, and fhall be continued, to keep them free from the leaft danger of being infected with the SMALL-POX, no boat having been on board, and all other communication with people from *Charles-Town* prevented.

Auftin, Laurens, & Appleby.

N. B. Full one Half of the above Negroes have had the SMALL-POX in their own Country.

Portugal / Brasil

👤 = a 500.000 africanos

Cuando llegaban a América, los esclavos eran vendidos mediante contratos entre el esclavista y el comprador. Existía incluso publicidad para estas ventas.

afroamericana: el esclavismo

guir trabajadores era el esclavismo. Durante siglos, millones de africanos fueron transportados a América y a otros lugares del mundo con esta finalidad.

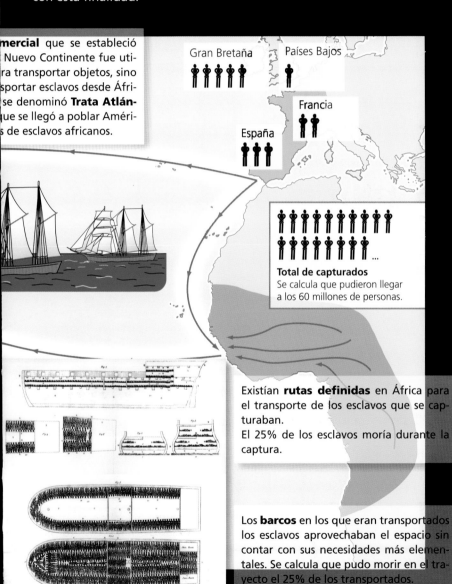

mercial que se estableció ... Nuevo Continente fue uti- ...ra transportar objetos, sino ...sportar esclavos desde Áfri- ...se denominó **Trata Atlán-** ...que se llegó a poblar Améri- ...s de esclavos africanos.

Gran Bretaña   Países Bajos

Francia

España

Total de capturados
Se calcula que pudieron llegar a los 60 millones de personas.

Existían **rutas definidas** en África para el transporte de los esclavos que se capturaban.
El 25% de los esclavos moría durante la captura.

Los **barcos** en los que eran transportados los esclavos aprovechaban el espacio sin contar con sus necesidades más elementales. Se calcula que pudo morir en el trayecto el 25% de los transportados.

La abolición de la esclavitud:

Las causas de la guerra

A mediados del siglo XIX, los Estados Unidos estaban económicamente divididos:

- El norte era principalmente industrial.
- El sur basaba su economía en la agricultura.

El motivo de la discordia era la esclavitud. El norte era partidario de erradicarla o, al menos, de frenar su avance. Pero las grandes plantaciones del sur exigían mucha mano de obra, por lo que se opusieron firmemente al abolicionismo que promovía Abraham Lincoln.

Con la elección de Abraham Lincoln como presidente de la Unión (1859) se forzó la separación de once estados del Sur, que constituyeron los Estados Confederados de América, y, con la proclamación por parte de Lincoln de la emancipación de todos los esclavos en 1861, se desencadenó una guerra, que duró cuatro años y que tuvo tres frentes destacados.

La cabaña del Tío Tom

Este libro fue escrito por la abolicionista Harriet Beecher Stowe en el año 1856, y fue el más vendido del siglo XIX. En él se relata la historia de un esclavo, llamado Tío Tom, y su entorno. La autora propone el cristianismo como medio para alcanzar el perdón y la libertad, sacando a relucir la inmoralidad que representa la esclavitud.

Esta novela, de la cual mostramos una ilustración interior, promovió el fin de la esclavitud en estos momentos cruciales para Estados Unidos.

Un presidente mítico

Acabada la guerra de Secesión, Abraham Lincoln (1809-1865) se mostró como un presidente moderado y organizó un programa de reconstrucción del Sur. Murió asesinado, poco tiempo después, en un teatro de Washington por el sudista John Wilkes Booth.

la guerra de Secesión

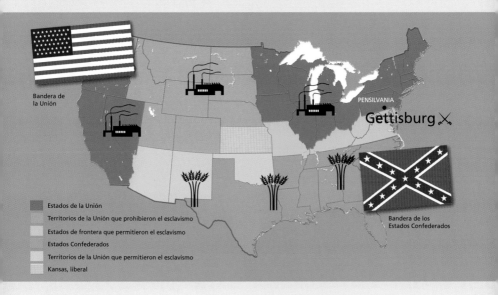

Bandera de la Unión

PENSILVANIA

Gettisburg ✕

Bandera de los Estados Confederados

- Estados de la Unión
- Territorios de la Unión que prohibieron el esclavismo
- Estados de frontera que permitieron el esclavismo
- Estados Confederados
- Territorios de la Unión que permitieron el esclavismo
- Kansas, liberal

Las dos banderas

La división de los Estados Unidos fue tal que llegaron a utilizar banderas diferentes. La de la Unión se conserva como la actual bandera estadounidense. Los Estados Confederados tuvieron incluso un presidente: Jefferson Davies.

Gettisburg

La batalla que decidió la guerra fue la de Gettisburg. En ella, el general unionista Meade consiguió derrotar al famoso estratega, el general Lee. Las cifras de la batalla, que duró tan sólo tres días, fueron:

83.000 soldados unionistas
75.000 soldados confederados
8.000 muertos
30.000 heridos

El fin de la guerra y de la esclavitud

En 1865 los Estados Confederados se rindieron. Todos los esclavos recibieron la libertad con la proclamación de emancipación.

Se calcula que entre 1861 y 1865 ya habían sido liberados cuatro millones de esclavos. Los afroamericanos participaron en el ejército de la Unión: se presentaron voluntarios alrededor de 190.000 para luchar por su libertad.

La bajas totales de la guerra superaron el millón de personas, cantidad descomunal para las guerras que hasta entonces había librado Estados Unidos.

Racismo y Ku Klux Klan

El racismo ilegal: KKK

Tras la guerra de Secesión, muchos partidarios de la esclavitud no se conformaron con la emancipación de los afroamericanos y se fundó una organización que, en principio, pretendía divertir a la población blanca asustando a la población negra. Para ello iban por las noches de pueblo en pueblo con antorchas cubiertos con sábanas y capuchas blancas a modo de disfraz. Pero la organización derivó en un violento movimiento antiabolicionista. Así nació, en 1865, el Ku Klux Klan.

Su violencia racista no se limitaba a los afroamericanos, sino que incluía a otras razas, como los judíos, e incluso, a los miembros del partido republicano.

El coronel Nathan Bedford Forrest fue uno de los principales representantes del KKK.

La capucha es el uniforme característico de estos personajes.

Las fechas del Ku Klux Klan

En **1865** Se funda del KKK.

1866 El KKK irrumpe en ceremonias religiosas y casas de afroamericanos, intimidando a la población negra.

1867 El KKK intenta agrupar los distintos movimientos racistas del sur de Estados Unidos en la persona de Forrest, sin grandes resultados.

1870 El KKK empieza a perder popularidad y a ser considerada una organización terrorista criminal.

1871 Se proclama la ilegalidad y la disolución del KKK.

1915 Fundación del segundo KKK.

1920-1930 Años de mayor violencia del KKK.

1939-1944 El KKK recibe multas millonarias por sus fechorías y entra en una crisis económica que acabará disolviéndolo.

Aun así, pequeños grupúsculos del KKK persisten hasta nuestros días.

El racismo legal: segregacionismo

A pesar de haber conseguido la libertad después de la emancipación, la comunidad afroamericana tuvo muchos problemas para que se les reconocieran sus derechos; la libertad completa estaba aún muy lejos. Las leyes segregacionistas fomentaron la división entre blancos y negros, creando espacios diferentes para sus ciudadanos. Además, no disfrutaban de los mismos derechos ante la ley, como el derecho a voto. Fue un camino lento y doloroso, en el que intervino decisivamente Martin Luther King.

Los **transportes públicos** se dividían en zonas para blancos y para negros. Incluso había segregación en las salas de espera de las estaciones: en la imagen se ve un rótulo que dice: «Sala de espera para gente de color».

Los **locales públicos** no sólo separaban las zonas: en algunos se prohibía directamente la entrada a los afroamericanos. Estas actitudes claramente racistas fueron vistas con normalidad por gran parte de la población americana. Martin Luther King abrió los ojos a toda la nación sobre estos hechos.

Los **lavabos públicos** también estaban segregados. Pero si no había dos habitaciones se dividían los mismos grifos, como muestra la fotografía.

La no violencia

Jesucristo, el primer partidario de la no violencia

A veces tendemos a olvidar los orígenes de las cosas. Jesucristo, cuya doctrina predicaba Martin Luther King, no sólo predicó el perdón, sino que además murió perdonando a sus agresores.

Basten algunas de sus frases más significativas:

«Si alguien te golpea en una mejilla, preséntale la otra.»

«Perdonad a vuestros enemigos.»

«Amad al prójimo como a vosotros mismos.»

Mahatma Gandhi

Gandhi fue el máximo representante del nacionalismo indio frente a los británicos. Su ideología se basaba en la coherencia absoluta con los dictados de la propia conciencia. Es el creador de la resistencia no violenta o *no violencia* en el sentido político del término.

Una vez lograda la independencia de la India, intentó integrar las castas más bajas de la sociedad hindú y desaprobó cualquier tipo de enfrentamiento religioso.

Nelson Mandela

Fue el primer presidente de Sudáfrica elegido mediante sufragio universal. Antes de ello, fue un gran activista contra el **apartheid**, la segregación racial que existía en Sudáfrica. Pasó mucho tiempo en prisión por ello, y su salida motivó el cambio en su país.

Fue encarcelado en 1962, y sus 27 años de prisión fueron un símbolo para todo el mundo de la injusticia del apartheid.

Es el fundador de *The Elders*, un grupo de eminentes líderes globales que aportan su experiencia en la resolución de conflictos en el mundo.

La caída del segregacionismo de Sudáfrica también se dio a través de manifestaciones pacíficas, como las dirigidas por Martin Luther King. Pero también hubo resistencia activa.

Al final, el presidente de la República de Sudáfrica tuvo que ceder a las protestas y liberó a Nelson Mandela, abriendo el camino hacia el fin del apartheid.

Activistas al margen

Panteras Negras

Organización fundada oficialmente en 1966 que, como movimiento de protesta, destacó por rechazar la no violencia de Martin Luther King. Según ellos, esa postura resultaba completamente inútil, y era necesaria una reestructuración de la sociedad para acabar con el poder de los blancos.

Malcolm X

Su verdadero nombre era Malcolm Little y cambió su apellido al ingresar en la organización religiosa la **Nación del Islam**. Sus partidarios lo consideran un defensor de los derechos de los afroamericanos, aunque otros lo consideran promotor del racismo y la violencia hacia los blancos.

Estuvo involucrado en el hampa de Boston, por lo que ingresó en la cárcel unos años. Fundó la **Organización de Unidad Afroamericana**.

Fue asesinado en 1965, y se cree que los responsables pertenecían a la Nación del Islam, de la que Malcolm X había salido hacía un tiempo.

Eldridge Cleaver

Escritor y activista político estadounidense, fue el jefe de propaganda de los **Panteras Negras**. Llegó a ser candidato a la presidencia de Estados Unidos en 1968 por el partido **Paz y Libertad**, obteniendo 37 millones de votos.

Tuvo que exiliarse a Argelia. Posteriormente regresó a Estados Unidos y murió en 1998.

de la no violencia

Stokely Carmichael

Nació en Trinidad y Tobago, aunque su labor se desarrolló sobre todo en Estados Unidos, donde destacó al fundar el partido político de los **Panteras Negras**.

Posteriormente tuvo que exiliarse a Guinea Conakry.

Muhammad Alí

Fue más un símbolo que un activista, sin embargo, utilizó su éxito arrollador en el mundo del boxeo para promover el «orgullo negro» y sus derechos. Como Malcolm X, perteneció a la **Nación del Islam**. Su carácter orgulloso se hizo también célebre, con frases como «cuando eres tan grandioso como yo, es difícil ser humilde».

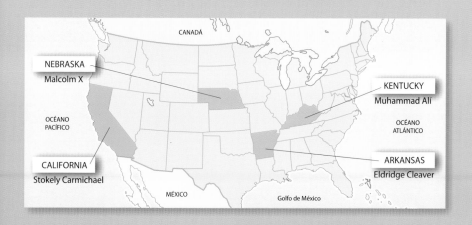

CANADÁ

NEBRASKA
Malcolm X

KENTUCKY
Muhammad Alí

OCÉANO
PACÍFICO

OCÉANO
ATLÁNTICO

CALIFORNIA
Stokely Carmichael

ARKANSAS
Eldridge Cleaver

MÉXICO

Golfo de México

Hacia el gran cambio

Emmett Till

En 1955 tuvo lugar el asesinato de Emmett Till, un adolescente que fue a pasar sus vacaciones a un pueblecito del Misisipi. Por motivos absurdos, dos jóvenes le propinaron tal paliza que no sólo lo mataron, sino que el cadáver mostraba la violencia de los agresores. La madre de Emmett dejó abierto el ataúd unas horas para que todo el mundo supiera lo que habían hecho con su hijo. Aun así, y aún reconociendo más tarde los culpables su implicación, nunca fueron juzgados. La indignación por lo que le pasó a Emmett Till despertó una profunda furia de los negros por todo el país y escandalizó a muchos blancos. La prensa internacional lo publicó y causó la indignación mundial. Algo empezaba a cambiar.

Rosa Parks y el boicot de autobuses

Rosa Parks fue arrestada en 1955 por no querer ceder su asiento a un blanco en un autobús segregado. Este acontecimiento se considera la gota que colmó el vaso, pues desató las protestas de la población afroamericana que llevarían al fin de la segregación. En la imagen inferior derecha, Rosa Parks junto a Desmond Tutu.

La marcha sobre Washington

Esta marcha, denominada *Marcha sobre Washington por el Trabajo y por la Libertad* fue constituida por un grupo de organizaciones religiosas, laborales y de derechos civiles, bajo el lema «Empleo, justicia y paz». Participaron unas 300.000 personas, de las cuales, el 80% eran afroamericanas.

Pese a lo positivo de la marcha, algunos se opusieron por razones contrarias: unos, porque creían que degeneraría en violencia, y otros, como Malcolm X, porque creían que era una farsa. Sin embargo, la marcha fue un éxito. Se utilizaron más de 2.000 autobuses, 21 trenes especiales, 10 aviones, además de vehículos privados.

Durante la Marcha sobre Washington Martin Luther King pronunció el famoso discurso «Ayer tuve un sueño», que ha sido utilizado posteriormente como modelo para enseñar retórica.

Bob Dylan, músico, cantante y poeta estadounidense, participó en la Marcha cantando varias canciones. En la imagen, con Joan Baez, cantante de música folk, que también intervino.

El legado de Martin Luther King

Un sueño hecho realidad

Sólo después de haber conocido el pasado de la comunidad afroamericana se puede entender la importancia de lo que pasó el 29 de enero de 2009: la elección de un presidente afroamericano en Estados Unidos.

Hace tan sólo cincuenta años, Martin Luther King luchó pacíficamente para que su gente pudiera vivir dignamente. Aunque aún falte mucho para que la humanidad viva en completa armonía consigo misma, podría decirse que la vida de Martin Luther King obtuvo los frutos que él deseaba.

El día de Martin Luther King

Martin Luther King descansa en Atlanta, Georgia. En su honor se celebra cada año, desde 1986, el Día de Martin Luther King, cada tercer lunes del mes de enero. El 18 de enero de 1993 se estableció esta conmemoración en todos los estados de Estados Unidos.

El FBI espía a King

Si ser negro en América suponía ser odiado por la mitad de la población estadounidense de raza blanca, ser negro y además comunista significaba el odio y el rechazo de todos los habitantes de Estados Unidos que vivían sumergidos en plena guerra fría. En aquellos años, el peor insulto que podían lanzarle a una persona era el de *comunista*. Cualquier relación con movimientos sociales, incluso con las reformas del New Deal propuestas por el presidente Roosevelt, era suficiente para tachar a alguien de comunista. Esto será lo que intente el poderoso J. Edgar Hoover, director del FBI, para desprestigiar a Martin Luther King: propagar que éste era comunista.

King se había convertido en los años sesenta en el líder de los derechos civiles, casi en un mito, pero un mito que estaba creando muchos problemas a la Casa Blanca y a algunas instituciones del Estado: sus manifestaciones pacíficas hacían aflorar la violencia de las fuerzas policiales de muchos Estados, lo que daba una imagen negativa del país de cara al exterior; sus continuas acciones movilizando a la población negra en defensa de sus derechos y de su igualdad ponían de manifiesto las injusticias que se daban en la sociedad americana y en entredicho su democracia. Ello convertía a King en una figura bastante incómoda para el sistema.

Por ello, a partir de los años cincuenta el FBI por orden de J. Edgar Hoover comienza a investigar a King. El objetivo es encontrar algo que le pueda desprestigiar ante la opinión pública. Y ese motivo será una persona: Stanley Levison, abogado judío miembro del Partido Comunista.

Martin conoció a Levison en la época del boicot a los autobuses de Montgomery. Se habían hecho grandes amigos y King le pedía consejo para las principales campañas. Por entonces, el FBI ya investigaba a King. En 1956 el presidente Eisenhower pidió al director del FBI, Hoover, que presentara un informe reservado sobre el tema racial.

—Señor Hoover, los últimos informes del servicio de inteligencia del FBI revelan que la influencia comunista en el movimiento negro es muy grande —le comentó el presidente.

—Es cierto, señor presidente —contestó el director del FBI—; según nuestros informes, los líderes negros pueden estar fácilmente influidos por miembros infiltrados del Partido Comunista.

—Como comprenderá, no podemos hacer una reforma de la ley de derechos civiles si está destinada a los comunistas —expuso el presidente—. Hay que investigar el movimiento y a sus líderes para evitar cualquier tipo de infiltración comunista.

—¿Cuándo tiene que estar listo el informe, señor presidente?

—El 9 de marzo. Necesitamos el informe antes de pedir al Congreso que haga una reforma de unas leyes que tienen un siglo de antigüedad.

Hoover llegó con un ejército de ayudantes, atriles y croquis. Para el 9 de marzo de 1956 el informe acerca del movimiento negro en Montgomery estaba finalizado y Hoover se lo presentó de esta manera a Eisenhower:

—Después de los datos que le he expuesto sobre la cantidad de gente que participó en el boicot y cómo se llevó a cabo, la conclusión a la que hemos llegado es que ese movimiento es algo subversivo, que perjudica al gobierno de esta nación y a las buenas personas que viven en ella —explicó Hoover.

—¿Y cuáles diría usted, señor Hoover, que son los elementos subversivos entre los integracionistas? —preguntó Sherman Adams, el jefe de personal de Eisenhower.

—Bien, hemos encontrado a algunas personas que criticaban públicamente a nuestro presidente —contestó el director del FBI—. Desde mi punto de vista pueden estar influidas por ideas comunistas.

—Señor presidente —dijo Sherman Adams—, después del informe del señor Hoover, se demuestra que si llevamos a cabo una legislación de derechos civiles, la gente lo vería como un reflejo de la influencia comunista.

—Tiene razón, Adams —afirmó Eisenhower—, pero ¿qué hacemos con el problema de la violencia?

—Yo creo que los negros con sus manifestaciones incitan a los blancos a la violencia —sentenció Adams, uno de los más firmes partidarios de la segregación dentro del equipo de Eisenhower.

—Además —secundó Hoover—, el número de linchamientos ha disminuido mucho en los últimos años según
nuestros informes. No creo que se deba hacer ninguna ley
sobre linchamientos.

—Y tampoco contra la segregación —añadió Adams—.
La integración no es más que una subversión a la Constitución.

En este informe de Hoover ya aparecía el nombre de
Stanley Levison. Se le relacionaba con King, pero no era
suficiente para calificar a Martin de comunista porque
no había pruebas que lo demostraran. Además, en los
informes del FBI sobre King se incluían declaraciones
suyas en las que se oponía abiertamente al comunismo.
Cuando el 1 de octubre de 1961, Du Bois, el fundador del
NAACP, solicitó la entrada en el Partido Comunista,
King se refirió a ello como *la deserción de uno de los más
brillantes intelectuales negros en Estados Unidos. No cabe la
menor duda de que si el problema de la discriminación racial
no se resuelve en un futuro cercano, algunos negros, impulsados por su frustración, descontento y desesperación, se volca-
rán a otras ideologías, que yo no comparto*[16].

Después de que Eisenhower abandone la Casa Blanca para dejar su puesto al candidato demócrata John F.
Kennedy, Hoover, que va a tener graves diferencias con el
nuevo presidente, continúa con su obsesiva investigación
sobre King y Levison.

---

16. Extraído del libro *El poder negro*, escrito por Martin Luther King. Ed. Halcón, 1968.

—Señor presidente, ¿ha leído el informe que le entregué sobre King? —preguntó Hoover a Kennedy en una de sus primeras reuniones.

—Sí, Hoover —contestó Kennedy—; y, sinceramente, creo que no es tan peligroso como usted señala en el informe.

—No se da cuenta, señor presidente, de que King, durante estos años ha estado rodeado de comunistas. Incluso en 1958 un comunista como Ben Davis donó sangre a King.

—El reverendo King había recibido una puñalada y necesitaba a alguien de su mismo grupo sanguíneo —le dijo el presidente.

—Cierto, pero luego King le dio las gracias a Davis, el ex consejero municipal comunista de Nueva York, por haberle donado sangre —contestó Hoover.

—¿Y no le parece normal?

—Sí, puede ser normal, pero también demuestra que simpatiza con el comunismo.

—Eso no prueba nada —contestó el presidente.

—En mi informe también me refiero al discurso de clausura que hizo King en la Highlander Folk School en 1957 —insistió el director del FBI—, y todo el mundo sabe que es la escuela de entrenamiento del Partido Comunista. ¿No se da cuenta? King está en contacto continuo con el comunismo y eso nos pone en peligro.

—Bien, si lo cree así —contestó Kennedy—, siga investigándole.

Para tratar de evitar el desprestigio de King, John F. Kennedy, conocedor del informe de Hoover, intentó convencer a Martin para que se deshiciera de Levison.

—Reverendo King, ha de saber que su relación con Stanley Levison puede perjudicar su carrera —le aconsejó Kennedy.

—Levison no tiene nada que ver con mi lucha —contestó King.

—Pero su afiliación al Partido Comunista le pone a usted en una situación muy vulnerable. Cualquiera podría tacharle de comunista —dijo Kennedy—. Además, la Casa Blanca no podría relacionarse con alguien que esté cercano al comunismo. Debe deshacerse de él.

—Pero si es mi amigo, y sólo mi amigo —explicó King—. Me aconseja, pero no me inculca sus ideas políticas.

—Insisto, reverendo King.

—Y yo me niego a hacerlo —concluyó Martin.

King continuó tratando a Levison quien, además de amigo, era su abogado. El informe del FBI sobre ambos podía demostrar que Levison y King eran muy amigos, pero no había pruebas que demostraran que obedecía órdenes o consignas del Partido Comunista norteamericano o del Kremlin. A pesar de todo, Hoover pretendía demostrar que King estaba marcado por su asociación con Levison.

Micrófonos hasta en la sopa

La noche del 15 de marzo de 1962, agentes neoyorquinos del FBI se introdujeron en la oficina de Levison para colocar micrófonos y conectar interceptores telefónicos. Con ello, el FBI podría controlar los números de teléfono a los que el abogado llamaba y el de quienes le telefoneaban. También tendrían conocimiento de las conversaciones telefónicas de Levison con otros, y de lo que se hablara en su despacho. Los técnicos del FBI en Nueva York sintonizaron por primera vez los receptores de los micrófonos de Levison alrededor de las diez y media de la mañana del 16 de marzo. De ahí en adelante, el oído del Gobierno norteamericano permanecerá atento a Levison y a King hasta la muerte de éste.

Desde el punto de vista de los supervisores en la vigilancia de King y de Levison, el uso de micrófonos era un trabajo arduo, ya que exigía un continuo control.

—Necesitamos a alguien que sepa taquigrafía para poder transcribir rápidamente lo que se dice en la oficina de Levison —decía Hoover a sus hombres—. No podemos pasar nada por alto. Es necesario registrarlo todo, aunque sea sólo silencio.

—El problema, señor, es que con los micrófonos no podemos identificar quién es el que habla —le dijo a Hoover uno de sus hombres—; sin embargo, por teléfono la gente se identifica.

—Cierto. Pero debemos mantener un control riguroso y no podemos prescindir de lo que ocurre entre las paredes de esa oficina —contestó el director del FBI—. Lo registraremos absolutamente todo: toses, el arrastrar de la silla, el ruido de papeles. Todo.

Con el tiempo, los hombres del FBI llegaron a reconocer las voces de los que llamaban o de los que visitaban a Levison. Entre los que más llamaban estaban Martin y un tal Jack. Descubrieron que Jack era Jack O'Dell, comunista confeso. Las conversaciones entre ambos eran enviadas por correo expreso a las oficinas centrales del FBI para que se analizara la influencia del Partido Comunista.

El FBI conocía todos los detalles de la vida de Levison y de O'Dell, de quienes tenía informes de cinco años atrás. Sabían quiénes eran amigos de Levison y de qué temas se hablaba a diario en su oficina. La mayoría de las conversaciones eran sobre propiedades inmobiliarias; otras sobre cómo recaudar dinero para la SCLC (Southern Christian Leadership Conference, Conferencia de Líderes Cristianos del Sur). El trabajo que realizaba Levison para King resultó ser demasiado corriente para un supuesto agente comunista. Aun así, Hoover entregaba al presidente Kennedy informes periódicos sobre King y sus actuaciones.

—Es lamentable que el FBI no haya podido resolver el atentado a la iglesia de Birmingham —comentó Kennedy refiriéndose a una bomba del KKK que acabó con la vida de cuatro niñas.

—Habríamos aclarado el caso si no hubieran intervenido las autoridades de Alabama —se excusó Hoover.

—Por cierto, señor Hoover, el viernes hubo mucha agitación por el informe sobre King y el comunismo —le comunicó el presidente—. Se oyen muchos chismes y rumores por el Pentágono. ¿Qué tiene que decir?

—Bien, señor presidente —contestó el director del FBI—, el informe ha sido entregado a la CIA y al Departamento de Estado, entre otros.

—Pero ¿no se da cuenta de que todos se harán una idea equivocada del señor King? —sentenció Kennedy—. Usted no lo dice de manera explícita, pero la conclusión que se saca de su informe es que King es comunista, y eso no está totalmente probado.

—Todo lo que se afirma en el informe es exacto y está apoyado por hechos —se defendió Hoover.

—Pero no me parecen suficientes, por lo que, si quiere probarlo, deberá continuar con la investigación.

Incluso tras la muerte de John Kennedy, King siguió bajo la vigilancia del FBI. J. Edgar Hoover se encargó de poner al corriente al nuevo presidente Lyndon B. Johnson.

—Señor presidente, pensé que le interesaría saber que King es un estrecho colaborador de Levison y O'Dell —le dijo Hoover a Johnson.

—De Levison he oído hablar —afirmó el nuevo presidente—, pero de ese tal O'Dell, no.

—Es un comunista declarado —afirmó el director del FBI—. Tenemos conversaciones telefónicas en las que reconoce abiertamente su afiliación al Partido Comunista. Disponemos de informes suyos desde que estuvo en un sindicato de la marina mercante.

—Bien, ¿y qué relación tienen con King?

—Levison es su abogado y fue él quien le presentó a O'Dell —contestó Hoover—. Creemos que son una influencia muy negativa para el señor King y para la Casa Blanca.

—¿Para la Casa Blanca? ¿Qué quiere decir? —preguntó sorprendido Johnson.

—Sí, señor presidente. El señor Levison, por ejemplo, aconsejó a King que sugiriera al presidente Kennedy que un juez negro de dudosa lealtad fuera nombrado juez de la Suprema Corte.

—Bien, pero ya hemos designado a alguien para ese puesto —explicó el presidente.

—Es cierto, pero el peligro comunista sigue, porque Levison y King han decidido anunciar la creación de la Sociedad Gandhi el próximo día 17 en Washington —explicó Hoover—, y a la celebración está invitado usted, Robert Kennedy... y también todos esos comunistas.

—Bueno, pues pondré alguna excusa para no ir —contestó el presidente Johnson.

Pronto llegaron a los amigos de Martin rumores de que se pretendía manchar la imagen de King.

—Hay rumores de que el FBI planea desenmascarar a Martin —le comentó un día Andrew Young, colaborador de King, a Wyatt Tee Walker.

—Pero ¿qué van a desenmascarar? —preguntó Walker.

—Eso mismo me pregunto yo. Detrás de Martin hay un hombre como todos, con sus virtudes y sus defectos

—añadió Young—. Pero creo que es algo relacionado con el comunismo.

A medida que los hombres de Hoover seguían a King de una ciudad a otra y de un hotel a otro iban descubriendo una faceta suya que distaba de encajar con su imagen pública. En las conversaciones que grababa el FBI, King aparecía como un hombre normal, al que le gustaba bromear con sus amigos. Un hombre de carne y hueso, con sus defectos y virtudes. Eso fue lo que descubrió el FBI.

Ante la presión que suponía la vigilancia continua y ante la posibilidad de ser tachado públicamente de comunista, lo que supondría el rechazo de muchas personas, Martin tuvo que dejar claro delante de algunos colaboradores suyos, preocupados por la situación, que no era comunista, aunque Hoover se empeñara en afirmarlo.

—No soy comunista —les dijo—, ni tampoco un corrupto, aunque el FBI haya estado sugiriendo durante este tiempo que me he corrompido por dinero. Vosotros sabéis que si hay un defecto que no tengo es el de querer rodearme de dinero.

—También han difundido rumores que dicen que tienes una amante —le confesó su amigo Wyatt Walker.

—Hoover es capaz de todo para desprestigiarme.

La campaña de Hoover contra él se intensificó durante la época en la que King estaba entre los candidatos a recibir el Premio Nobel de la Paz. El líder negro, harto de la persecución, solicitó una entrevista con Hoover.

—Usted y sus hombres me vigilan, controlan mi vida sin permiso legal —se quejaba King—. No soy ningún criminal que deba estar bajo vigilancia.

—Reverendo King, no sé de qué me habla —le contestó Hoover.

—¿Va a decirme ahora que mi teléfono no está intervenido y que no me siguen sus hombres como si fueran mi sombra?

—No puedo darle ninguna información. Nuestro trabajo es confidencial, reverendo King.

—¿Trabajo? ¿A eso le llama trabajo? ¿A fisgar en la vida de uno? ¿A violar su intimidad? ¿Sabe que eso no es legal en este país?

Mientras Hoover negaba la existencia de cualquier tipo de vigilancia, los agentes del FBI, que estaban en el vestíbulo, trataban de repartir extractos de sus cintas a los expectantes periodistas. King, conmocionado, salió de la reunión tratando de ocultar su desconcierto. Allí, ante los medios de comunicación, dijo:

—Espero sinceramente que podamos olvidar las confusiones del pasado y seguir con la tarea que el Congreso, el Tribunal Supremo y el presidente señalan como el problema más crucial de este país: los derechos civiles.

Las escuchas reservadas del FBI se han ganado un lugar legendario en la historia de Martin Luther King, pero, lo que se ha llegado a conocer del material da a entender que los agentes del FBI le perjudicaron menos de lo que King creía. Aquellas escuchas sólo contenían conversaciones con los amigos, chistes, algunos comentarios respecto al presidente y cosas por el estilo, pero nada que pudiera empañar la inmensa labor de un hombre como King.

Los problemas con el FBI no terminarán después de la reunión con Hoover y las declaraciones ante la prensa.

Cuando llegó a Selma el 2 de enero de 1965 para apoyar una marcha contra el racismo, Hoover le envió un paquete a su casa con cintas extraídas de las escuchas del FBI y una carta en la que le amenazaba con revelar su «sucia y fraudulenta personalidad» al país entero, a menos que abandonara su lucha política y desapareciera.

Antes de que aumentara la tensión en Selma y la presión del FBI sobre King, el presidente Lyndon B. Johnson intervino para apoyar a los negros que se habían enfrentado con la injusta segregación de aquella ciudad. Desde aquel año de 1965 hasta su muerte en 1968, Martin Luther King vivirá bajo la vigilancia del FBI que en todo momento intentará hundirle. Pero ni las escuchas, ni las calumnias, ni siquiera los defectos que, como todo ser humano tenía, consiguieron ensombrecer a este gran hombre, luchador infatigable: un modelo para muchos de su generación y de generaciones venideras.

Los sangrientos viajes de la libertad

La mañana del 4 de mayo de 1961, en Washington, tres mujeres y tres hombres de raza blanca y siete hombres de raza negra subían a dos autobuses con destino a Nueva Orleans. Su objetivo: cruzar el país, de norte a sur, parando en las estaciones segregadas de las ciudades sureñas. Todo ello para reivindicar la integración en los medios de transporte públicos. Era un viaje hacia el corazón del racismo que se convirtió en una pesadilla sangrienta en la que tuvo que intervenir la Guardia Nacional.

Los trece pasajeros —blancos y negros— tenían por delante un duro viaje de trece días, veintiún mil setecientos kilómetros y decenas de estaciones de autobuses antes de llegar a su destino: Nueva Orleans.

Ochenta y dos kilómetros al sur de Washington ya empezaban a aparecer los carteles de «Blancos» y «Gente de color» en las salas de espera y en los restaurantes de las estaciones. Cuando el primer autobús llegó a Rock Hill, en Carolina del Sur, empezaron los incidentes con la población blanca que les impidió saltarse las indicaciones de los carteles.

—¡Eh, tú, negro! —dijo uno de los hombres blancos que se había colocado en la puerta para evitar que John Lewis pasara por la entrada destinada a los blancos—. ¿Estás ciego o qué?

—No. ¿Me dejas pasar, por favor? —dijo Lewis, que fue el primero en bajar del autobús.

—¿Le habéis oído? —le decía el blanco a sus amigos—. ¡Que si le dejo pasar! ¿No os morís de la risa?

Lewis hizo amago de entrar, pero aquellos hombres bloquearon la puerta con sus cuerpos.

—¿No ves que no puedes pasar por aquí? —dijo uno de los hombres blancos mientras señalaba con el dedo pulgar el cartel—. ¿No has visto lo que pone ahí? «Blancos» ¿Acaso eres blanco? ¿O a lo mejor es que no sabes leer?

Lewis se irguió con dignidad para contestarle:

—Tengo derecho a entrar aquí sobre la base de la decisión de la Suprema Corte en el caso Boyton.

—Esa ley no me importa en absoluto —dijo uno de los que le impedían el paso.

Los demás le empujaron al exterior y uno de ellos golpeó en la boca a Lewis, lo que supuso el inicio de la violencia en ese primer «viaje de la libertad». Los restantes viajeros que acudieron en su ayuda terminaron siendo pateados. Pero eso no les desanimó y siguieron su camino junto con el segundo autobús.

Al llegar a Atlanta, el 13 de mayo, fueron recibidos por Luther King y Wyatt Walker y celebraron que el viaje hubiera sido un éxito a lo largo de sus casi mil ciento veintiséis kilómetros.

—Quiero felicitar a las trece personas que están hoy aquí con nosotros —dijo King en un discurso después de la cena—, por su valor y coraje a la hora de enfrentarse con esta empresa. Quiero que sepan que tienen mi apoyo, sobre todo ahora que empieza la parte más difícil del trayecto: cruzar los estados más racistas del profundo Sur.

Sin embargo, después de decir estas palabras, Martin, desconsolado y emocionado, le dijo a Walker:

—Jamás atravesarán Alabama.

Las predicciones de King se cumplieron. Los viajeros encontraron todo tipo de problemas en ese Estado sureño. Al llegar a la estación de Anniston, junto a los carteles de «Pasajeros interestatales blancos» y «Pasajeros interestatales negros», había una amenazadora multitud de blancos armados con palos, ladrillos y cuchillos, que esperaba impaciente la llegada de los «viajeros de la libertad». Todos los pasajeros se quedaron helados en sus asientos mientras la turba gritaba:

—¡Bajad de una vez, malditos negros!

—¡No tengáis miedo, sólo os vamos a abrir la cabeza! —decían otros.

Al no bajar, la enfurecida muchedumbre, empezó a golpear el autobús con los palos y a rajar los neumáticos.

—Señor conductor, será mejor que arranque antes de que destrocen el autobús —pidieron los atemorizados pasajeros.

El conductor puso el motor del autobús en marcha y huyó a gran velocidad de la estación, mientras los pasajeros del fondo veían por el cristal cómo la turba de gente les seguía. Unos cincuenta coches perseguían al de los «viajeros de la libertad». Pronto el conductor perdió el control del autobús porque las ruedas se estaban desinflando. Frenó y salió corriendo campo a través, abandonando a su suerte a los pasajeros.

En la oscuridad de la noche, los viajeros, que seguían agazapados dentro del autobús, sólo podían oír el ruido de los coches que se hacía más cercano. Pronto pudieron ver las luces de los faros que se dirigían hacia donde ellos estaban. La quietud de la noche amplificó los portazos de los coches y las voces de la «jauría humana». Comenzaron a tirar ladrillos contra los cristales de las ventanillas y a golpear el autobús con palos y piedras. Uno de ellos lanzó dentro una bomba incendiaria. Cuando las llamas se propagaron avanzando por el suelo y por los asientos, el pánico invadió a los pasajeros, que tuvieron que salir, y exponerse abiertamente a la turba de hombres que les esperaba fuera. Fueron golpeados sin piedad. Un fotógrafo sacó una instantánea del autobús envuelto en llamas. Al día siguiente, aquella fotografía recorrió todos los Estados de la Unión y fue distribuida también por los medios de comunicación de todo el mundo.

Los «viajeros de la libertad» del otro autobús, de la compañía Trailways, se enteraron de la noticia en la terminal de autobuses de Anniston. El conductor, una vez que habían subido todos al autobús, cogió el micrófono y dijo:

—Nos han comunicado que ha sido quemado totalmente un autobús y que decenas de pasajeros heridos han sido conducidos al hospital.

Un murmullo se levantó de entre los pasajeros.

—Una chusma nos está esperando y harán lo mismo con nosotros si no conseguimos sacar a estos negros de los asientos delanteros.

Uno de los pasajeros interrumpió al conductor y dijo:

—Todos nosotros somos pasajeros interestatales con derecho legal a sentarnos en cualquier parte del...

Pero no había terminado la frase cuando un blanco que estaba junto a su asiento, le propinó un puñetazo en la cara. Otro se levantó para golpear a Herbert Harris, uno de los «viajeros». El resto de los pasajeros regulares comenzó a golpear y patear a los jóvenes «viajeros». Mientras, los líderes del «viaje de la libertad», Jim Peck y Walter Bergman, se dirigieron a la parte delantera del autobús para protestar. Pero ellos también fueron agredidos.

—¡No le golpeen más! —gritó la señora Bergman—. ¡Es mi esposo!

—Entonces eres la amante de un sucio negro —gritó uno de los blancos.

—Venga, déjalo —dijo uno de los violentos—, lo vas a matar.

—Está bien, llevémoslos atrás, que es donde deben estar los negros.

Los «viajeros» continuaron el resto del viaje en la parte trasera del autobús hasta que llegaron a Birmingham. Allí les esperaba algo peor: los hombres del Ku Klux Klan. Al bajar del autobús, ensangrentados, tuvieron que atravesar el corredor que habían formado los hombres del violento Klan.

—Vamos, Bergman —dijo con valor Person—. Iremos hacia la sala de espera de los blancos como habíamos planeado.

Después de santiguarse, comenzaron a caminar sintiendo clavarse sobre sus cuerpos las miradas de odio.

—Deberían matar a ese negro —dijo uno señalando a Person—, mira lo que le ha hecho a ese blanco.

Se refería a Peck, uno de los líderes blancos de los «viajeros de la libertad», que tenía el rostro ensangrentado.

—Por favor, no le hagan daño —dijo Peck a los hombres del Klan.

Este gesto de amistad interracial desató la furia de la multitud y los hombres del KKK empujaron violentamente a Person de vuelta hacia la sala de espera destinada a los negros. Person se negó y volvió a pasar al lado de los blancos, por lo que alguien le empujó.

—¡Pégale! —gritó uno del Klan.

Person recibió un puñetazo en la cara. Su boca sangraba. Le golpearon de nuevo, y cayó al suelo. Peck se dirigió a él para ayudarle, pero una docena de hombres comenzó a golpearle. El resto de los «viajeros» también recibió golpes, patadas y puñetazos. La violencia se extendió de tal manera, que los hombres del Klan golpeaban indiscriminadamente a todos los negros que veían en la estación.

Cuando llegó la policía, los hombres del KKK ya se habían dispersado. Los «viajeros», heridos, no fueron admitidos en el hospital y tuvieron que recurrir a Shuttlesworth, pastor baptista de Birmingham. Todos menos Jim Peck, que tuvo que ser ingresado en el hospital por la gravedad de sus heridas en la cabeza. Aun así, se mostraba decidido a seguir, y lo hizo saber a la prensa:

—Sé que esto va a empeorar, pero mañana estaré a bordo de ese autobús rumbo a Montgomery.

Los periodistas miraron a Peck, incrédulos, y luego se miraron entre sí.

Mientras tanto, en Nashville, los líderes del movimiento estudiantil se cuestionaban si la iniciativa de los «viajeros de la libertad» tenía futuro.

—Deberíamos ir los estudiantes como voluntarios en los autobuses y unirnos a ellos —sugirió Diane Nash, una de las líderes estudiantiles.

—Terminaríamos en la cárcel —dijo uno.

—O muertos —señaló otro.

—Pero debemos correr ese riesgo y unirnos a ellos —insistió Diane Nash.

Y eso hicieron. Comenzaron a elegir voluntarios para subir a los autobuses y dar su apoyo a los demás «viajeros», a quienes no dejaban salir de Birmingham. El movimiento de los «viajeros de la libertad» empezó a extenderse, lo que alertó a Robert Kennedy, fiscal general, quien trató de solucionar el problema en Birmingham para evitar conflictos mayores, y llamó al reverendo Shuttlesworth.

—Reverendo, le garantizo que el comisario Connor protegerá a los «viajeros» en la estación y los escoltará hasta el límite de la ciudad. El FBI ha conseguido que Connor ceda.

—También los escoltaron hasta el límite de la ciudad de Anniston —contestó Shuttlesworth tan amablemente como pudo—. Y ahí fue donde les quemaron el autobús.

—Tiene razón. Necesitan protección hasta el límite de Alabama —comprendió Kennedy—. Tendré que acudir al gobernador Patterson.

Pero Patterson se negaba a ofrecer su ayuda.

—Me niego a garantizar su seguridad en el traslado. Los ciudadanos del Estado están tan furiosos que yo no puedo asegurar la protección de este puñado de canallas.

La empresa de transportes Greyhound también se negaba a trasladar al grupo de «viajeros» porque ya había perdido un autobús. Esto les obligaba a permanecer en Birmingham expuestos a las amenazas de los iracundos hombres del Klan. Ante estas noticias, los estudiantes de Nashville, con Diane Nash y James Bevel a la cabeza, organizaron el relevo en los «viajes de la libertad» para evitar el fracaso de la iniciativa.

Al final, ocho estudiantes negros y dos blancos partieron hacia Birmingham. Cuando llegaron allí, algunos oficiales de policía subieron a bordo del autobús mientras otros bloqueaban la puerta para evitar que los estudiantes bajaran. Taparon las ventanillas con hojas de periódicos y examinaron los billetes de los pasajeros para saber cuáles eran los estudiantes de Nashville. Después de retenerlos durante una hora en el autobús, llegaron nuevas órdenes del comisario Connor: los viajeros podían bajar.

—Señores, les aconsejo que no intenten entrar en la sala de espera para blancos si no quieren tener problemas —les dijo uno de los oficiales de policía mientras bajaban del autobús.

—Tenemos la intención de ir allí —dijo un estudiante.

—Hagan lo que quieran. Yo ya les he advertido.

Una enfurecida turba de blancos les esperaba en la terminal de autobuses. La policía, para evitar conflictos, detuvo a los jóvenes. En la cárcel, como protesta, se negaron a comer y exigían su libertad para poder seguir su camino.

El presidente Kennedy defiende a King

La situación en Birmingham empeoró. El fiscal general, Robert Kennedy, cada vez más preocupado, visitó a su hermano en la Casa Blanca para tratar de solucionar el problema.

—Como sabes —dijo Robert—, la situación en Alabama está empeorando: los estudiantes se niegan a comer en la cárcel y la empresa de autobuses no quiere transportarlos porque teme perder otro vehículo.

—¿Y el gobernador Patterson? —preguntó John.

—Se niega a protegerlos —contestó su hermano—. Alega que es competencia del gobierno federal.

—Esto puede tener repercusión nacional. Hay que intervenir.

—La mejor opción es proteger el autobús con una fuerza de alguaciles de Estados Unidos —aconsejó Robert.

—Sí, pero la intervención puede poner en peligro el prestigio de la Casa Blanca —replicó John Kennedy.

Después de largas horas de conversación y de llamadas telefónicas, consiguieron que Eugene *Bull* Connor, el comisario de Birmingham, escoltara a los «viajeros de la libertad» hasta los límites de la ciudad. Connor y sus hombres llevaron a los jóvenes hasta la ciudad fronteriza de Ardmore (Tennesse), y allí los dejaron en la carretera, en mitad de la noche.

—Desde aquí podéis tomar un tren de vuelta a Nashville —dijo el comisario.

Pero no era cierto. Los siete estudiantes se encontraron en la oscuridad de la noche, temerosos de algún ataque por parte de los hombres del Klan. Y decidieron que volverían a Birmingham para continuar con su labor.

Además de estos siete jóvenes, otros once partieron de Nashville en dirección a Birmingham. Allí se reunieron todos en casa del reverendo Shuttlesworth y decidieron que seguirían adelante con su propósito: ir a la estación y tomar un autobús hacia Montgomery. Tuvieron que esperar horas rodeados de policías que los protegían de las amenazas de grupos de blancos enfurecidos.

Después de varias horas de tensión en las que Robert Kennedy trató de solucionar el problema, los «viajeros» pudieron partir hacia Montgomery con una escolta de funcionarios federales. El problema era que ningún conductor quería arriesgarse a llevarlos. Kennedy resolvió la situación hablando con el director de la Greyhound.

—Los chóferes se niegan a conducir —le dijo George Cruit, director de la compañía de transportes Greyhound en Birmingham.

—¿Sabe usted conducir un autobús? —le preguntó Robert Kennedy.

—Bueno, seguramente alguno de esos malditos viajeros saber conducir un autobús ¿no? —dijo enfadado Cruit.

—Creo que usted debería hablar con el señor Greyhound y será mejor que nos dé una respuesta pronto, porque si ese grupo no puede seguir el viaje, el gobierno se sentirá muy contrariado.

Gracias a la intervención de Kennedy, el «viaje de la libertad» continuó a las ocho y media de la mañana del día 20 de mayo de 1963. Pero aquí no se acababan los problemas: la llegada a Montgomery iba a resultar muy sangrienta.

John Lewis fue el primero en bajar del autobús. Ante él, las cámaras, micrófonos y grabadoras de los periodistas. Detrás de éstos, una docena de hombres blancos escondidos, con bates de béisbol, botellas y cuchillos.

—Algo no anda bien —dijo Lewis a sus compañeros—. Será mejor que no nos separemos.

Cuando todos habían bajado del autobús, se oyeron unos gritos:

—¡Agarrad a esos negros!

Desde una oficina en lo alto del Edificio Federal, en Montgomery, Johan Doar, un abogado blanco antisegregacionista, llamó por teléfono a Robert Kennedy para contarle lo que estaba ocurriendo.

—¡Hay puñetazos, hay golpes! —gritó—. ¡Un grupo de hombres está apaleando a un muchacho que tiene la cara ensangrentada!

—¿Y no hace nada la policía? —preguntó Kennedy.

—No hay policías. ¡Es terrible! No hay ni un solo policía a la vista —decía excitado Doar—. Y la gente no para de gritar: «¡Esos negros de ahí! ¡Agarradlos! ¡Agarradlos!».

—¿Cuántos jóvenes hay?

—Ahora mismo sólo veo a cinco chicas, dos blancas y tres negras, que intentan subir a un taxi —le explicaba—.

¡No las dejan subir! —exclamaba sorprendido—. No pueden subir porque es un taxi segregado. ¡Dios mío!

En ese momento se calló. El silencio impacientó a Kennedy.

—¿Qué ocurre, Doar? ¿Qué está pasando?

—Las mujeres blancas de Birmingham están golpeando a una joven en la cabeza. La han tirado al suelo y la están pisoteando. ¡La van a matar!

—¡Que intervenga alguien! —gritó histérico Kennedy.

—Ahora están quemando los equipajes —dijo Doar—. ¡Espere...!

—¿Qué? ¿Qué ocurre?

—Acaba de llegar la policía. Los están arrestando.

—¿A quién, a los violentos?

—No, a los «viajeros». Les acusan de ser los causantes del disturbio.

A unos los llevaron a la comisaría y a otros al hospital. Allí, Jim Zwerg, uno de los «viajeros» blancos, dijo a los periodistas:

—En cuanto nos recuperemos de ésta, empezaremos de nuevo. Seguiremos nuestro viaje de una u otra manera. Estamos dispuestos a morir.

Los «viajeros de la libertad» pidieron el apoyo de King y éste voló en avión hasta Montgomery para darles ánimo. La fama de King convertiría estos viajes en un acontecimiento de carácter nacional, por lo que Kennedy ordenó a los funcionarios federales que controlaran la situación. Recibieron a Martin en el aeropuerto y lo escoltaron hasta la iglesia de su amigo Abernathy. Allí, esa misma noche, mientras los «viajeros» y el resto de los feligreses escuchaban las palabras de King, unos tres o cuatro mil blancos rodearon la iglesia.

—Han traído un camión lleno de ladrillos —explicó uno de los feligreses al entrar en la iglesia—, y los están rompiendo en pedazos.

—¡Van a tirarlos contra la iglesia! —gritó una mujer histérica.

—Tranquilos —dijo Martin—. Debemos salir a ver qué está ocurriendo.

—¡Nos apedrearán! —gritaron otros.

—Lo importante es que no tengamos miedo. No vamos a dar marcha atrás. Mantengamos la calma. Estamos unidos. No tenemos miedo y venceremos.

Las palabras de Martin lograron tranquilizar a los allí presentes.

—La única forma de aplacar la ira de esa gente es que el líder se entregue a ellos —continuó Martin.

Todos se miraron entre sí. Martin se había vuelto loco. A los pocos minutos, King, seguido por un grupo de predicadores, salió de la iglesia.

—¡Negro King! —gritó uno de los atacantes al reconocerlo—. ¡Ven aquí!

En ese momento, la Guardia Nacional, enviada por Kennedy para proteger a King y a los «viajeros», lanzó gases lacrimógenos contra la masa de asaltantes. Éstos retrocedieron tosiendo, pero de nuevo volvieron, más enfurecidos, arrojando piedras.

Dentro, Wyatt Walker, uno de los amigos y colaboradores de King, le aconsejó que llamara a Robert Kennedy para explicarle la situación.

—Está bien, hablaré con él —dijo King—. Intenta ponerte en contacto con él.

Walker llamó al departamento de Justicia y pudo hablar con Kennedy.

—Señor Kennedy, sólo una acción federal podrá salvar nuestras vidas.

—Lo sé —contestó Kennedy—. Estamos haciendo todo lo que está a nuestro alcance. ¿Podría hablar con el doctor King?

Walker cedió el auricular. King le habló de la situación.

—Estamos rodeados por una masa de hombres dispuesta a matarnos. Han incendiado un coche, tiran ladrillos y cócteles molotov...

Kennedy le interrumpió.

—Los alguaciles están llegando —repitió varias veces.

—Si no llegan aquí de inmediato, tendremos un encuentro sangriento —dijo Martin—, pues ahora mismo están alcanzando las puertas.

En ese momento uno de los colaboradores de King le comunicó que estaban llegando refuerzos.

—Tenía razón —dijo King a Kennedy—. Los refuerzos están aquí.

Comenzó en el exterior una auténtica batalla. Los federales lanzaban gases lacrimógenos mientras los blancos tiraban ladrillos contra las ventanas de la iglesia.

Los disturbios fueron de tal magnitud que obligaron a intervenir a la Guardia Nacional de Alabama. Éstos consiguieron que los enfurecidos blancos se dispersaran, pero obligaron a los negros que estaban dentro de la iglesia a permanecer allí toda la noche. El gobernador Patterson declaró la ley marcial. King intentó llegar a un acuerdo con el comandante Henry V. Graham.

—Tiene que entender que toda esa gente no puede quedarse dentro toda la noche —le dijo King.

—Pero no pueden salir.

—No pueden retener a esas personas sin haber hecho nada —insistió King—. Tienen que volver a sus casas. La noche ya ha sido muy agitada para ellos.

—Lo siento —contestó el comandante Graham—, pero su congregación deberá quedarse aquí temporalmente.

King volvió a presionar a Robert Kennedy, quien a su vez, presionó al gobernador Patterson.

—Ahora tiene lo que quería —le dijo el gobernador—: una pelea. Consiguió que la Guardia Nacional fuera allí, así que ahora no se queje. La violencia es culpa de usted y si esos negros están encerrados en la iglesia también es responsabilidad de usted.

—Bueno, pero ¿podrá esa gente salir de la iglesia?

—La Guardia Nacional puede garantizar la seguridad de todos salvo la de King —contestó el gobernador.

—¿Por qué?

—¿Por qué? ¿No se da cuenta de que King es el hombre más odiado de Alabama? No puedo garantizar su seguridad. Y además nos está destruyendo políticamente —respondió el gobernador.

—Es más importante la supervivencia física de esta gente que nuestra supervivencia política —contestó Robert Kennedy.

—Está bien, trataré de solucionarlo —le prometió Patterson.

A las cuatro y media de la madrugada salieron los primeros grupos de la iglesia.

Al día siguiente, los «viajeros de la libertad» celebraron un encuentro con King para convencerle de que se les uniera.

—Reverendo King, ¿hará con nosotros el resto del viaje? —le preguntó Diane Nash, la líder del movimiento estudiantil de Nashville.

—No, señorita Nash.

—¿Por qué? —contestó ella contrariada—. ¿No ve que su ejemplo de liderazgo es capaz de mover a la gente hacia la no violencia?

—Estoy de acuerdo —dijo él—, y me gustaría ir con vosotros, pero seré yo el que elija el momento de mi crucifixión.

Las quejas de los estudiantes provocaron la intervención de Wyatt Tee Walker:

—Si el doctor King decide no ir, será así. Él tiene sus razones.

Después de estas palabras, los estudiantes se sintieron decepcionados.

—King es nuestro inspirador —dijo uno de ellos—; la gente le escucha, pero se está echando atrás; ahora nosotros estamos más al frente que él, y la finalidad del movimiento es estar en primera línea.

Cuando el primer grupo de «viajeros» salió de Montgomery, fueron escoltados por un centenar de miembros de la Guardia Federal de Alabama. No tuvo la misma suerte el segundo grupo; mientras compraban los billetes en la estación, oyeron en la radio un mensaje de Robert Kennedy:

—Los líderes de los grupos estudiantiles que están violando las leyes segregacionistas han sido hoy informados de que no los acompañará ningún policía federal. Creo que todos debemos recordar que el presidente está a punto de embarcarse en una misión de gran importancia. Cualquier cosa que hagamos en Estados Unidos y que acarree o cause deshonra a nuestro país puede perjudicar su misión.

La misión eran las conversaciones que John Kennedy iba a mantener con el primer ministro ruso Nikita Kruschev sobre la guerra fría. Pero eso no interesaba a los «viajeros de la libertad», que decidieron seguir adelante hasta Nueva Orleans.

El *Black Power* y los *Black Panthers*

Cuando los atletas Tommie Smith y John Carlos, primero y tercero en los doscientos metros, subieron al podio para recoger sus trofeos en las Olimpiadas de México de 1968, sonó el himno norteamericano. Los dos inclinaron sus cabezas y, de repente, levantaron los puños, enfundados en guantes negros. Este gesto, característico del *Black Power*, se repetiría a lo largo de la olimpiada por otros atletas negros como Lee Evans y James Freeman. Además de una gran repercusión mundial, desató un tempestuoso debate en Estados Unidos.

Las reivindicaciones de los deportistas negros, cansados de estar bien considerados sólo en algunos aspectos (baile, deporte, música), mientras persistían las injusticias y la situación de pobreza del resto de la comunidad negra en Estados Unidos, pusieron de manifiesto el auge que adquirió el *Black Power* («Poder Negro») durante los años sesenta.

El término *Black Power* fue acuñado por Stokely Carmichael en 1966. Pretendía que los negros de Norteamérica se organizaran para negociar desde una posición de fuerza su intervención en la vida política, social y económica del país. Carmichael, joven que había participado en numerosas Marchas de la Libertad, ponía énfasis en el desarrollo de la autodeterminación y la autodefinición del negro; las gentes de color debían organizarse con independencia de los blancos, y ése fue el punto de vista que defendió ante los miembros del Comité Coordinador de Estudiantes No Violentos (SNCC).

En los orígenes del Poder Negro se encuentra también la figura de un joven universitario negro, James Meredith quien, protegido por los soldados enviados por Kennedy, logró su ingreso en la Universidad de Misisipi después de un sinfín de dificultades. Este hecho fue muy significativo para el movimiento negro y dio lugar a una marcha pacífica organizada por King y en la cual quedó consolidado el *Black Power*.

El partido de los *Black Panthers* («Panteras Negras») se fundó en Oakland, gueto de San Francisco, a finales de 1966. En la primera reunión, sus fundadores eligieron este nombre y establecieron las bases de su lucha.

—Nos llamaremos Panteras Negras —anunció Huey Newton, uno de sus creadores.

—¿Y por qué ese nombre? —preguntó uno de los allí presentes.

—Porque las panteras nunca atacan primero, pero cuando se las arrincona, luchan desesperadamente —contestó Newton.

—Sí, sobre todo cuando las arrinconan los hombres blancos —dijo otro joven.

—Por eso ningún blanco podrá pertenecer a los Panteras Negras —añadió Huey Newton—. No queremos que ningún blanco nos ayude. No los necesitamos.

—Sí, además, y como es obvio, su color de piel les impide ser panteras negras —dijo otro de los asistentes.

A continuación, Huey Newton expuso los puntos en que se basaba su programa.

—Todos estamos de acuerdo en que los blancos no pueden entrar en nuestro partido y también en que se puede emplear la violencia para contrarrestar la violencia del sistema de los blancos —expuso Newton.

—Sí, estamos de acuerdo —contestaron todos.

—Si la violencia es necesaria para conseguir nuestra libertad y para que la comunidad negra pueda elegir su propio destino —continuó el dirigente de los Panteras Negras—, entonces seremos violentos.

—Usaremos la violencia para que no nos exploten más los blancos —dijo otro de los fundadores del partido—, y para conseguir un trabajo digno y unas casas decorosas, no como las que tenemos, en las que podamos vivir como seres humanos.

—Yo sólo usaré la violencia contra ellos, no a su favor —gritó uno—. Me niego a hacer el servicio militar. Me niego a ir a las guerras en que ellos se meten. ¡No a Vietnam!

—¡No a Vietnam! —corearon los demás jóvenes[17].

Los Panteras Negras tuvieron un rápido auge. Aunque su propósito era desembocar en la rebelión, al principio guardaron las formas para no situarse en la ilegalidad. Su estilo pomposo y ritualista despertó enorme interés en la prensa sensacionalista que, cada vez que tenía oportunidad,

---

17. Extraído del libro *Martin Luther King*, de Victoria Robbins. M.E. Editores, 1997.

les entrevistaba para recoger sus radicales y controvertidas opiniones.

Esta actitud de los Panteras Negras fue muy criticada por otros líderes negros, como Henry Moon. En cierta ocasión, ante las cámaras de televisión, se refirió a ellos con estas palabras:

—Los extremistas del *Black Power*, los Panteras Negras, son unos dementes. Sus ideas separatistas no resisten el menor examen. ¿Un Estado negro independiente en el Sur? Esto es imposible. ¿Matar a todos los blancos? Es una locura. ¿Volver a África? Es algo que no se puede ni pensar.

—¿Qué tipo de lucha propone usted, señor Moon? —le preguntó un periodista.

—Somos norteamericanos. Pertenecemos a la civilización occidental. La meta de nuestra lucha sólo puede consistir en la conquista de los mismos derechos y privilegios de nuestros compatriotas blancos. No queremos la independencia, sólo la igualdad, pero para conseguirla no estamos dispuestos a usar la violencia. La nuestra es una lucha pacífica —contestó Henry Moon.

En un debate sobre el Poder Negro en el que participaron Martin Luther King, Stokely Carmichael y Raymond Cartier —un periodista contrario a las ideas de este movimiento negro—, se discutió ampliamente sobre las dos actitudes: el pacifismo y el radicalismo violento.

—Hemos visto la violencia de estos días en Harlem —comenzó a decir el presentador— y me gustaría saber, reverendo King, qué opina usted sobre el uso de estos métodos.

—Por principio, no apruebo ningún tipo de violencia, venga de donde venga, proceda de blancos o de negros

—contestó King—. Pero debemos entender que el negro está atrapado por la pobreza y el paro. Se siente marginado y oprimido en la sociedad de Estados Unidos sólo por su color. Un hombre justo no tiene más remedio que oponer resistencia a tal sistema injusto. Si no tiene el valor de hacerlo de forma no violenta, corre el peligro de una explosión emocional violenta, y eso es lo que ha ocurrido en Harlem.

—Entonces, usted justifica esa violencia —dijo Raymond Cartier.

—No, tan sólo expongo lo que creo que ha ocurrido estos días en el gueto de Nueva York —contestó King—, pero eso no significa que apruebe la violencia. No creo que sea un buen método para conseguir nuestros objetivos. La violencia sólo engendra violencia.

—Pero a veces está justificada —intervino Carmichael—. En Harlem, la gente salió a las calles porque un oficial de la policía neoyorquina mató, sin estar de servicio, a un negro de quince años. Y todo el mundo sabrá que las circunstancias de la muerte fueron muy ambiguas, lo que provocó una reacción inmediata en la población de Harlem.

—Sí, cuarenta y ocho policías heridos —contestó Cartier—, sin contar a los heridos entre la población negra. No creo que merezca la pena este tipo de manifestaciones, sobre todo porque existen unos tribunales para juzgar el caso.

Las intervenciones de Raymond Cartier y Martin Luther King en este debate pusieron de manifiesto los aspectos más negativos que entrañaba el Poder Negro y, en especial, la actuación de los grupos más radicales como los Panteras

Negras. No obstante, éstos continuaron participando en los tumultos de los guetos hasta finales de la década de 1960. Los enfrentamientos se acentuaron sobre todo a raíz de la muerte de Martin Luther King, en 1968. Pero, ya en esa fecha, el FBI había empezado a perseguir a los principales activistas de los Panteras Negras. Eran catalogados como la mayor amenaza entre los negros para la seguridad interna del país. Los enfrentamientos entre los Panteras Negras y la policía eran frecuentes y ocasionaron muertos por ambos lados.

La persecución contra el grupo diezmó sus filas a partir de 1967, cuando sus líderes fueron encarcelados o tuvieron que exiliarse. En 1969, la ciudad de Nueva York juzgó por conspiración contra instituciones y ataques a edificios públicos a veintiún miembros de la organización. Ése fue el gran golpe judicial que provocó la extinción de un movimiento que supuso una opción distinta de la defendida por King. Pero, como el propio King había dicho, *la violencia no lleva a ninguna parte, lo único que consigue es engendrar más violencia.*

«Ayer tuve un sueño»

Cerca de trescientas mil personas, la mayoría de raza negra, caminan en silencio por la avenida Pennsylvania. Se dirigen al monumento dedicado a Lincoln. Desde las ventanas de la Casa Blanca, el presidente Kennedy puede ver a los manifestantes. Pero como la mayoría de los estadounidenses, ha preferido hacerlo por televisión. Las imágenes de aquel 28 de agosto de 1963 reflejaban algo insólito que quedaría en la memoria del pueblo norteamericano, pero sobre todo fueron las palabras de Martin Luther King las que quedaron marcadas en la conciencia de todos.

—Ayer tuve un sueño. Soñé que llegará un día en que esta nación se levante y viva de acuerdo con el verdadero significado de su credo. Sostenemos que éstas son verdades evidentes, que todos los hombres fueron creados iguales...

Kennedy, como la mayoría de los televidentes, escuchaba las palabras de King con admiración, y las comentaba con uno de sus asesores en la Casa Blanca.

—Es terriblemente bueno —dijo el presidente, impresionado por la fuerza de las palabras de aquel discurso.

La voz del líder de la no violencia seguía saliendo por los altavoces de aquel televisor, a la vez que trescientas mil personas la escuchaban directamente en el Lincoln Memorial.

—Ayer soñé que llegará un día en que, en las rojas montañas de Georgia, los hijos de los antiguos esclavos y los hijos de los antiguos esclavistas puedan sentarse juntos a la mesa de la fraternidad. Yo albergo el sueño de que, un día, incluso el Estado de Misisipi, un estado abrasado de injusticia, abrasado por el calor de la opresión, se transformará en un oasis de libertad y de justicia.

—Es impresionante —comentaba el presidente—. Esas palabras hacen arder los corazones. Sabe dar a todos esperanzas y fuerza para seguir su lucha. Ante esas ilusiones no podemos hacer nada.

—Habrá que plantearse aprobar una nueva legislación —aconsejó su interlocutor.

—Creo que no nos quedará más remedio —contestó el presidente—. Bueno, callémonos, ya negociaremos con los líderes del movimiento. Ahora es King quien tiene la palabra.

Las palabras de aquel discurso conquistaron al presidente de Estados Unidos, al igual que a los miles de negros que compartían aquel sueño de King, y que se emocionaban con cada una de las palabras que salían de su boca.

—Yo albergo el sueño de que, un día, mis cuatro hijos vivirán en una nación en la cual no serán juzgados por el color de su piel, sino por su personalidad —continuaba King, poniendo cada vez más énfasis en lo que decía—. Yo albergo el sueño de que, un día, todo valle será elevado, todo cerro y montaña será aplanado. Los lugares ásperos serán alisados, los torcidos serán enderezados. Con esta fe podremos extraer de las montañas de la desesperación, la piedra de la esperanza, luchar juntos, ir a la cárcel juntos, defender juntos la libertad sabiendo que un día seremos libres.

Todos los canales de televisión conectaron con el Lincoln Memorial aquella tarde. Era la primera y única vez que una manifestación se retransmitía en directo por la televisión nacional. Tanto la CBS como la ABC y la NBC emitieron la marcha en directo desde que comenzó aquella caravana de seres humanos que caminaban en silencio desde la estatua de Washington al Lincoln Memorial, donde, uno tras otro, los líderes del movimiento pro derechos civiles pronunciaban sus encendidos discursos.

Durante varios días, en los medios de comunicación no se hablaba de otra cosa. Las palabras de King se repetían en cada emisora de radio, en cada telediario.

—Esta tarde Estados Unidos ha sido testigo de la mayor de las manifestaciones a favor de los derechos civiles de los negros —narraba ante las cámaras Walter Concrite, uno de los más prestigiosos periodistas de la televisión norteamericana—. En estas calles, ahora solitarias, más de doscientas cincuenta mil manifestantes han marchado pacíficamente, con un absoluto silencio que sólo se rompía cuando entre la multitud surgía la consigna: «¡Libertad, ahora!». Miles de personas procedentes de todas partes del país fueron llegando a lo largo de la mañana en veintiún trenes, en cientos de autobuses, e incluso un anciano de ochenta y dos años llegó en bicicleta desde Ohio. Una manifestación organizada de forma perfecta y que ha tenido como colofón las maravillosas palabras del adalid de la no violencia, Martin Luther King.

A continuación, la televisión ofrecía las imágenes del discurso de King, que no sólo traspasarían las fronteras, sino también los corazones.

—Éste será el día —decían las últimas frases del discurso de King— en que todos los hijos de Dios podremos cantar dándole un nuevo significado a la palabra *libertad*. Sí... Resuene la libertad desde las prodigiosas cumbres del New Hampshire; resuene la libertad desde cada colina y cada cerro de Misisipi, desde cada ladera. Cuando dejemos que la libertad resuene en cada poblado, en cada aldea, en cada estado y en cada ciudad, podremos acelerar la llegada del día en que todos los hijos de Dios, blancos y negros, judíos y gentiles, protestantes y católicos, podamos estrecharnos las manos y cantar con las palabras del viejo espiritual negro: *¡Libres al fin! ¡Libres al fin! ¡Gran Dios todopoderoso, al fin somos libres!*[18]

Este fue el momento por el que Martin Luther King sería más recordado y el mayor ejemplo de sus cualidades como orador, predicador, líder y visionario. En este 28 de agosto, King llegó a la cima de su popularidad. Se convirtió en algo más que un pastor, o un líder de los derechos civiles. Representaba la conciencia moral de Estados Unidos. Nunca más le volvieron a venerar de aquella manera. Martin Luther King había llegado a la cumbre; a partir de entonces vendrían los momentos más difíciles.

---

18. Extraído del libro *Mi vida con Martin Luther King*, escrito por Coretta Scott King. Ed. Plaza-Janés, 1970.

La lista de enemigos había aumentado mucho. El más temible era J. Edgar Hoover, director del FBI, que trataba de desprestigiarle a cualquier precio ante sus seguidores: comunista, mujeriego, manipulador... fueron algunas de las calumnias con que le infamaba.

Este ataque frontal, unido al auge de posturas radicales como las del Poder Negro o las de Malcolm X, que consideraban la lucha no violenta ingenua e ineficaz, provocaron el inicio de la decadencia de King y de su movimiento pacifista.

A pesar de todo, King no se rinde y continúa su lucha. Las cosas se complican aún más con el asesinato del presidente Kennedy, el 22 de noviembre de 1963. Pero si con Kennedy moría un proyecto de ley de derechos civiles, con Johnson nacería otro nuevo, aprobado como ley en julio de 1964.

—Doctor King, ¿qué le parece la ley de los Derechos Civiles? —le preguntó un periodista a la salida del acto de la firma de la ley.

—Esta ley supone una gran victoria para nuestro movimiento —contestó King—, pero todavía nos queda mucho camino por andar.

—Ahora que han conseguido los derechos que reivindicaban, ¿hacia dónde va a encaminar su lucha? —preguntó de nuevo el periodista.

—A partir de este momento vamos a emprender una doble campaña dirigida a apoyar el cumplimiento de la recién aprobada ley —dijo Martin—. Hemos de conseguir que la ley se cumpla, que sea aceptada en aquellos Estados donde la población ejercerá mayor resistencia, como Misisipi o Alabama.

En los años siguientes, además de la infatigable lucha y de los continuos problemas, sobre todo con el FBI que seguía espiándole y difamándole, obtendrá algunas recompensas como el Premio Nobel de la Paz, en 1964. La noticia se difundió por los medios de comunicación de todo el mundo: *Este año el Parlamento noruego ha concedido el Premio Nobel de la Paz a Martin Luther King por su labor a favor de la no violencia.*

—El doctor King ha conseguido mantener a sus seguidores fieles al principio de la no violencia —dijo el portavoz del Parlamento noruego—. Sin la eficacia de este principio, confirmada por el doctor King, las marchas podían haber sido violentas y haber acabado en derramamiento de sangre.

Pero el Premio Nobel de la Paz llegaba en un momento difícil: cuando el liderazgo de Martin Luther King comenzaba a perder el tono deslumbrante de años atrás y el movimiento negro iniciaba la quiebra de su difícil unidad. Con todo, el discurso de King en Oslo el día 10 de diciembre de 1964 fue cualquier cosa menos triunfalista.

—Tengo presente que ayer mismo, en Birmingham, Estado de Alabama, nuestros hijos, que clamaban por la hermandad de todos los hombres, fueron recibidos con mangueras contra incendios, perros furiosos y policías que saben manejar muy bien las porras para causar la muerte. Tengo presente que ayer mismo, en Filadelphia, Misisipi, jóvenes que trataban de asegurarse el derecho al voto fueron maltratados y asesinados.

Y acababa con estas palabras, tan suyas, reivindicando la fe en el hombre y en América:

—Debo, por tanto, preguntar por qué se concede este premio a un movimiento que se halla asediado y comprometido en una tenaz lucha; a un movimiento que no ha conseguido la paz y la hermandad que constituye la esencia del Premio Nobel. Después de reflexionar llego a la conclusión de que este premio, que yo recibo en nombre del movimiento, implica un profundo reconocimiento de que la no violencia es la respuesta a las cruciales cuestiones políticas y raciales de nuestro tiempo... Acepto hoy este premio con una íntima fe en América y una audaz fe en la humanidad. Me niego a aceptar la idea de que la humanidad esté tan trágicamente ligada a la noche oscura del racismo y de la guerra, que nunca pueda llegar a ser realidad la radiante luz y la hermandad[19].

Los antiguos líderes del movimiento pacifista negro eran incapaces de movilizar a las masas. Ahora, los nuevos líderes como Malcolm X o Stokely Carmichael[20] son los que han tomado el relevo, y también han sustituido el pacifismo por la práctica violenta. En 1965, el Norte vivió horas de luto sin precedentes en un verano «histórico». Fue en Los Ángeles, en el Oeste, sin embargo, donde se produjeron las acciones más virulentas y desoladas: más de cien incendios, millares de detenidos, asaltos permanentes... Los gritos de *matad, matad* y *quemad, quemad* sonaban rítmicamente en las gargantas de miles de negros enardecidos.

---

19. Extraído del discurso que Martin Luther King pronunció en Oslo el 10 de diciembre de 1964.

20. Los nuevos líderes negros eran partidarios de la respuesta violenta para contrarrestar la violencia de los blancos. Consideraban que con el pacifismo promulgado por King no iban a ser respetados ni a conseguir sus objetivos de igualdad y libertad.

La violencia era una nueva realidad, evidente e incontestable. El Oeste y el Norte habían abierto la brecha, y el Sur no iba a tardar en seguir un camino parecido. En Selma, pequeña ciudad del Estado de Alabama, la violencia vino de la mano de la policía. El domingo 7 de marzo de 1965, los agentes de policía, siguiendo la orden del *sheriff* Jim Clarke, arremetieron contra un grupo de manifestantes pacíficos. Aquello se convirtió en una masacre. Se la llamó *Bloody Sunday* («Domingo sangriento»).

Uno de los seguidores de King, Wyatt Tee Walker, le llamó por teléfono para comunicarle aquel suceso.

—Martin, ¿te has enterado de lo de Selma? —preguntó Walker.

—Sí, aquello ha sido un baño de sangre —contestó King.

—Deberíamos hacer algo. Si organizamos una marcha y tú la encabezas, moveremos a la gente y a los medios de comunicación. Puede ser un nuevo Birmingham.

—Sí, pero recuerda lo de los niños en las calles de Birmingham —decía Martin—; los perros y la policía golpeándolos, el dolor de las madres cuando los encarcelaron...

—Cierto, pero si no intervenimos, el problema no se solucionará —aconsejó Wyatt.

—Bien, pero debemos evitar la violencia por nuestra parte —sentenció King.

En nombre de la dignidad humana

La marcha sobre Selma fue el último episodio espectacular de la no violencia que defendía Luther King. Hasta ese momento, había sacrificado diez años de su vida, había recorrido miles de kilómetros, había pronunciado cientos de discursos, le habían bombardeado, apuñalado y encarcelado, pero, frente a semejante brutalidad, halló el coraje y la fe para conducir su última gran marcha por la paz.

Dos semanas después del Domingo sangriento tuvo lugar la marcha sobre Selma. Una marcha que incluía un largo recorrido de ochenta kilómetros hasta Montgomery. Más de cincuenta mil personas caminaron durante cuatro días desde Selma a Montgomery. Con esta convocatoria el movimiento negro alcanzó su mayor victoria: la ley del Derecho al Voto, aprobada en agosto de 1965. Pero fue una victoria dolorosa por la sangre derramada. Así lo mostraron los medios de comunicación que informaron sobre aquella marcha.

—Miles de hombres y mujeres de color salieron esta mañana de Selma camino de Montgomery para protestar contra la segregación —narraba el corresponsal de la CBS—. Pronto, la policía llevó a cabo su carga sangrienta. Los manifestantes aguantaron con los rostros crispados, impasibles, las descargas policiales, y algunos cayeron al suelo con las piernas quebradas por los disparos. Poco a poco, la violencia ha ido asomando en la actitud de los manifestantes. Aquí tenemos a uno de los que han resistido la carga policial —decía el reportero refiriéndose a un joven negro—: ¿Por qué habéis iniciado una actitud violenta?

—Bueno, nuestra manifestación comenzó siendo pacífica —contestó el joven—. Ellos son los violentos. Hace pocos días murió Jackson, que sólo era un niño, y dos días más tarde un leñador negro y un clérigo blanco. No podemos quedarnos parados ante esos asesinatos.

—Pero quien encabeza este movimiento, Luther King, defiende una actuación no violenta; ¿por qué sus seguidores no respetan esas ideas? —preguntó el periodista.

—¿Cree que es fácil mantenerse impasible ante una carga de policías golpeándote y disparando a mujeres y a niños? Es imposible quedarse quieto y poner la otra mejilla. Estamos hartos de que nos maten y nos encarcelen sin conseguir nada.

Esta actitud violenta que comenzaba a aflorar en el seno de la no violencia preocupó no sólo a Luther King, que veía cómo sus seguidores le volvían la espalda, sino también al presidente de Estados Unidos, Lyndon B. Johnson, quien pronunció ante el Senado y la Cámara de los Representantes uno de los discursos más radicales sobre la cuestión negra:

—Hablo esta noche en nombre de la dignidad humana y del destino de la democracia. En Selma, Alabama, hombres y mujeres que han sufrido mucho protestaron por negárseles sus derechos como norteamericanos. Muchos fueron brutalmente atacados. Incluso uno murió. Es excepcional, en cualquier época, que un problema pueda afectar tanto a la conciencia misma de Norteamérica. Pero el problema existe y sigue siendo la igualdad de derechos. Ése es el problema. Y aun cuando derrotemos a todo enemigo, dupliquemos nuestra riqueza, conquistemos las estrellas, si continuamos siendo injustos en esta cuestión, habremos fracasado como pueblo y como nación. No se trata del problema negro. No se trata del problema del Sur. No se trata del problema del Norte. Se trata del problema norteamericano[21].

A pesar de estas palabras del presidente, la situación no cambió; incluso se agravó, sobre todo por la alternativa de la violencia por la que había optado el movimiento negro en aquellos últimos años: el Poder Negro, los musulmanes negros, los Panteras Negras y las revueltas de los guetos. Los líderes que, como Martin Luther King, defendían la no violencia eran tildados de *Tío Tom*[22]. La no violencia perdía fuerza y King lo sabía: era necesaria otra actitud.

A partir de la marcha sobre Selma surgirá un nuevo King: un King mucho más reivindicativo, más militante, mucho más preocupado por la escalada bélica en el Sudeste asiático y por las crecientes críticas de los jóvenes afectados por la importante brecha surgida entre ricos y pobres. Así se lo expuso King a su amigo y colaborador Wyatt Tee Walker.

---

21. Extraído del libro *Martin Luther King y su tiempo*, escrito por Taylor Branch. Grupo Editor Latinoamericano, 1992.

22. En referencia con el protagonista de la novela *La cabaña del Tío Tom*, de Harriet Beecher Stowe, que se caracterizaba por su tranquilidad y sumisión.

—Es necesario un cambio en nuestro movimiento —dijo King.

—¿Quieres apoyar a los más violentos? —preguntó algo sorprendido Walker.

—No, jamás apoyaría la violencia —contestó Martin—. Me refiero a ampliar nuestro radio de acción. Debemos llevar el movimiento mucho más allá de los paisajes sureños, hacia un lugar mucho más duro y frío: el Norte.

—Es una locura —afirmó tajante Walker.

—¿Por qué? —se sorprendió King—. La situación en los guetos del Norte tampoco es buena: viven en la más absoluta de las miserias, con unos trabajos infrahumanos...

—No puedes llevar la lucha no violenta al Norte —aconsejó Wyatt Walker.

—Pero ¿por qué? —preguntó de nuevo King.

—Es una decisión audaz, pero equivocada —contestó con toda sinceridad Walker—. En el Norte ya se protesta, y no de la misma forma que aquí. Allí defienden la violencia, te consideran un Tío Tom ingenuo. Para ellos tu forma de luchar no es eficaz.

Y era cierto. En cualquier lugar del Norte adonde King fuera, oiría a jóvenes radicales hablar en un nuevo idioma, el de líderes como Malcolm X:

—Somos no violentos con la gente que es no violenta con nosotros, pero no somos no violentos con quien sea violento con nosotros —decía Malcolm X ante las cámaras de televisión.

A lo largo de 1967 y principios de 1968, King va a estar siempre a la defensiva, obligado a recordarle a la gente sus valores y actitudes pacíficas. Goza de poca confianza ante el resto de la población negra, incluso ante sus amigos y colaboradores, a pesar de todos los éxitos que ayudó a lograr durante sus casi trece años de lucha. Acosado, pero no vencido, King decide pasar a la ofensiva. En este año de 1967 comienza a criticar la intervención de Estados Unidos en la guerra de Vietnam. En un discurso titulado *Más allá de Vietnam*, muestra sus preocupaciones en torno a esta cuestión:

—El mundo exige una madurez a Estados Unidos que quizá no logremos —dijo en el discurso sobre Vietnam ante su congregación—. Exige que admitamos la equivocación desde el principio de nuestra aventura en Vietnam. Fuimos perjudiciales para la vida de los vietnamitas. En esta situación debemos estar dispuestos a cambiar radicalmente de forma de actuar.

Este discurso acarreó consecuencias desastrosas para King, el héroe de la integración y de los derechos civiles. El soñador de la marcha a Washington recibió ataques tanto de amigos como de enemigos. Se le consideró un traidor, un predicador desorientado metiéndose en cuestiones que no podía comprender. Pero Martin mantuvo su actitud antibelicista incluso ante los medios de comunicación.

—Doctor King, se le ha tachado de antipatriota por su actitud ante la guerra de Vietnam. ¿Qué opina de ello? —le preguntó un periodista en una rueda de prensa.

—No creo que el hecho de defender la paz suponga ser un traidor a la patria —contestó King—. Siempre he defendido la no violencia y no por ello he sido un mal americano. Creo en América y me considero americano, pero no estoy de acuerdo con ninguna intervención bélica, sea del país que sea.

—Sabe que otros líderes negros le han criticado por esta actitud. ¿Qué nos puede decir al respecto? —preguntó una periodista.

—Otros líderes de los derechos civiles se niegan por diversas razones o no saben enfrentarse o han de seguir al gobierno —contestó King—. Ése es el problema de ellos. Pero yo debo decir que sé que la injusticia es indivisible: una injusticia en cualquier sitio del mundo es una amenaza para la justicia en todas partes.

A pesar de las críticas, Martin Luther King mostró su actitud antibelicista, junto con otros líderes negros, como Stokely Carmichael, en la manifestación contra la guerra de Vietnam en el verano de 1967. Más de doscientas mil personas llegaron desde los cuatro puntos cardinales a Nueva York para manifestarse en contra de la intervención de Estados Unidos en Vietnam.

Pero a esta manifestación pacifista le seguiría el estallido de la violencia en el Sur y en los guetos negros del Este y del Oeste del país. Durante los primeros días del verano, numerosas ciudades estadounidenses ven sus calles asoladas, incendiadas; ven la represión policial de siempre: negros acribillados a balazos, muertos tendidos en la calle después de la lucha sin cuartel. El miedo se apodera del país.

Esta rebelión de los guetos, que llega a la máxima violencia en Detroit, pone de manifiesto la crisis del movimiento negro. King lo sabe y así lo expone en una conversación con Jane Jackson, una amiga de la familia King:

—Tengo que reconocer que la táctica de la no violencia no está cumpliendo en los últimos años su papel transformador —dijo King, bastante desesperanzado.

—Pero, Martin, no puedes abandonar ahora —contestó Jane—. Has de seguir adelante.

—Sí, pero comprende, Jane, que con la implicación norteamericana en la guerra de Vietnam, la no violencia queda eclipsada. No podemos defender el pacifismo y, a la vez, ser cómplices de una guerra —expuso Martin.

—Tienes razón —contestó Jane Jackson—, pero no es nuestro movimiento el que apoya la guerra de Vietnam, sino el Estado. Él es el responsable de la intervención, y también de las injusticias contra los negros. Nosotros no podemos hacer nada para que acabe la guerra, pero sí para que acaben las injusticias dentro de nuestro país. Y por eso tienes que seguir luchando.

—Tú no lo entiendes —contestó con tristeza Martin—. Mi lucha ya no vale nada, ya no tiene fuerza. Me siento exhausto y solo. Estoy absolutamente destrozado. Me encuentro mental y físicamente agotado.

—Tienes que ser fuerte —Jane trataba de consolarle—. No estás solo. Tienes a Coretta y a tus hijas. Nosotros, tus amigos, no te fallaremos, ni tampoco los que creen en tu lucha.

—Lo sé, pero necesito descanso, algo de soledad.

Martin se sentía cansado. Necesitaba alejarse de todo y de todos para encontrarse a sí mismo. Presentía que el final de su viaje estaba próximo. Un viaje que había comenzado muchos años atrás y que le había llevado a recorrer todos los estados del Sur, e incluso muchas ciudades del Norte, defendiendo un mismo ideal: la paz y el amor entre los hombres, sin distinguir el color de su piel. Un viaje lleno de victorias, pero también de sufrimientos. Un viaje que acabaría en Memphis, el 4 de abril de 1968.

Una bala para un mito

Todo el mundo recordaría aquella fotografía de Joseph Louw en que Martin Luther King yacía en el suelo del balcón de un motel de Memphis, con un pañuelo ensangrentado en la garganta, mientras varios jóvenes señalaban al balcón de enfrente, desde donde un francotirador agazapado había disparado la bala que acabaría con la vida de un mito.

Sólo se oyó una detonación. Un ruido seco y violento. Como si el aire se desgarrase con brusquedad. En una habitación del mismo motel, el periodista Joseph Louw se sobresaltó y salió al balcón: a pocos metros, Martin Luther King se derrumbaba por el impacto de aquel criminal disparo que le atravesó el cuello.

—Lo vi caer a cámara lenta y sólo temí que se diera en la cabeza con la esquina del balcón. Me repetía a mí mismo: *le han alcanzado, le han alcanzado* —recordaba poco tiempo más tarde el joven fotógrafo.

Después de que varios de sus colaboradores se dirigieran al lugar donde King había caído, Joseph Louw volvió a su habitación, cogió su cámara y comenzó a hacer fotos.

—Era como si estuviera disparando y cargando un arma. Me encontraba en estado de choque, sólo pude actuar gracias a la cólera que sentía. Era preciso registrarlo todo: el pánico, el llanto, la posición de las cinco personas en el balcón, los dedos que apuntaban al lugar de donde había procedido el disparo... Quería dejar testimonio de todo ello para la historia, para que todo el mundo supiera lo que había pasado —diría Joseph Louw años más tarde.

Las fotos de Joseph Louw tomadas a distancia, en un plano general, sin ninguna aproximación al cuerpo derribado ni al rostro destrozado por la bala, serán el único documento gráfico del asesinato de Martin Luther King; ese 4 de abril de 1968 era el único periodista presente en Memphis. Todos los demás que habían seguido al líder negro en su recorrido por Tennesse se marcharon el día anterior. Sólo se quedó Joseph Louw, que estaba haciendo un documental sobre King. Louw, junto a un equipo de televisión, había seguido a King durante tres meses, de un lado a otro del país.

Las cámaras de Joseph Louw captaron el momento en que Luther King llegó a Memphis, el 3 de abril de 1968. El doctor King acudía a esta ciudad del Estado de Misisipi para dar su apoyo a los barrenderos negros en huelga. Así lo manifestó él mismo ante la cámara de Louw.

—Reverendo King, ¿puede decirnos para qué ha venido a Memphis? —le preguntó Louw.

—Estoy aquí para defender las modestas reivindicaciones salariales de un grupo de trabajadores negros del departamento de basuras —contestó King—. Esos hombres iniciaron una huelga que el alcalde ha declarado ilegal.

—¿Qué ha ocurrido desde entonces? —preguntó Joseph Louw.

—Comenzaron los desórdenes callejeros y eso dio lugar a multitud de detenidos, de heridos, hasta un hombre negro muerto —dijo King con tristeza.

—¿Pretende con su apoyo que la situación se solucione? —preguntó de nuevo Louw.

—No creo que sólo con mi presencia se pueda poner fin a este conflicto, pero haré todo lo que esté en mi mano —contestó Martin— para dar apoyo moral a estas gentes.

Aquella misma noche, la víspera de su asesinato, ante quinientas personas reunidas en una iglesia de Memphis, King pronunció un discurso titulado *Veo la Tierra Prometida*. Era un sermón extraño, casi premonitorio:

—No sé qué va a suceder ahora. Tenemos ante nosotros días difíciles. Pero ya no me importa, pues he dominado el terror a la muerte, he estado en la cima del monte. Quizá ya no esté entre vosotros, pero nuestro pueblo conocerá la Tierra Prometida[23]. Como cualquier otra persona, me gustaría vivir una vida larga: la longevidad tiene importancia, pero hoy ya no me preocupa.

King y sus acompañantes, los reverendos Jackson y Joung, testigos directos del asesinato, se instalaron en el Lorraine, un motel lúgubre y sucio de la calle Mulberry. Se habían trasladado a este económico hostal después de que la prensa criticara que se hospedaran en el Holiday Inn, un hotel donde la habitación costaba veintinueve dólares, dieciséis más que en el Lorraine. Enfrente del motel había una

---

23. Referencia a Moisés que vio la Tierra Prometida desde el monte Nebo, pero no entró en ella.

casa de huéspedes, la pensión Bessie Brower, para clientes negros. La recepcionista recordaría después a un extraño cliente blanco, bien vestido y de pelo oscuro, que había solicitado una habitación que tuviera una vista del Lorraine.

Martin estaba en la habitación número 306, en el segundo piso. Aquella tarde sus amigos, que estaban con él en la habitación, le notaron especialmente deprimido.

—¿Te ocurre algo, Martin? —preguntó el reverendo Jackson.

—Nada, sólo estoy un poco decaído —contestó Martin—. Se me pasará con el recital de esta noche.

—Sí, no hay nada como nuestra música espiritual —le animó el reverendo Joung.

—Será mejor que me cambie de ropa para el recital —dijo King.

—Doctor King, ¿se da cuenta del frío que hace esta noche? —comentó Salomon Jones, el chófer de Martin—. Póngase el abrigo.

—Me lo pondré, no te preocupes.

Martin salió al balcón mientras hablaba con sus colaboradores. Miró al cielo y le dijo a Jessie Jackson:

—Hace realmente fresco. Mira qué cielo tan lívido... ¿Sabes, Jessie, que...?

Aquellas fueron sus últimas palabras. Desde una ventana de la casa de huéspedes sonó un disparo solitario. El tiro del asesino fue tan certero que la bala rompió en dos la corbata, atravesó el cuello y se incrustó en la espina dorsal. El cuerpo de Martin, apoyado en la balaustrada, se desplomó.

—¡Martin!, ¿me oyes? —le preguntó asustado Jackson.

Eran exactamente las 18.06 de la tarde. A las 18.27 ingresaba en el servicio de urgencias del hospital San José. A las 19.00 se certificaba oficialmente su muerte.

¿Quién había disparado a Martin Luther King? Según el FBI, un sujeto desconocido que llegó a la pensión Brower a 15.15 de la tarde. Ésa fue la información que la recepcionista de la casa de huéspedes facilitó a los agentes:

—Señorita, ¿puede decirnos cómo era el tipo que llegó al mediodía del día 4 de abril? —le preguntó un agente del FBI.

—Claro que sí —contestó ella—. Lo recuerdo perfectamente porque me chocó que un hombre blanco viniera a una pensión para negros, aquí en el Sur.

—Bien, ¿y qué aspecto tenía? —insistió el detective.

—Era alto, delgado, de mediana edad y aspecto elegante —contestó la recepcionista—. Tenía el rostro bronceado y un aire atlético. Todo menos un tipo de los muchos extraños que frecuentan esta pensión.

—¿Habló usted con él? —preguntó el detective.

—Sí, claro. Me pidió una habitación desde la que se viera el motel Lorraine.

—¿Cómo era su voz?

—Tenía acento sureño y hablaba de forma muy educada.

—¿Le dijo su nombre? —preguntó el detective del FBI.

—Sí. Se inscribió como un tal señor John Willard.

El mundo entero quedó horrorizado con la muerte de Martin Luther King y las nuevas noticias de violencia que azotaban a América. Desde la Casa Blanca, el presidente Lyndon B. Johnson, que había presenciado cinco años antes el asesinato de su predecesor en otra ciudad del Sur, Dallas, se dirigió con aire sombrío a toda la nación:

—América está desolada y sobrecogida. Pido a todos los ciudadanos americanos que rechacen este acto de ciega violencia que ha abatido al doctor King, un hombre que vivió predicando la armonía y la no violencia.

Muchos negros no escucharon este llamamiento y, a lo largo de los tres días siguientes a la muerte de King, llevaron a cabo todo tipo de actos violentos, que se extendieron como la pólvora. En más de ciento veinticinco ciudades se produjeron saqueos, incendios, pillajes, quemas de automóviles... se había desatado la ira de la raza negra.

20
El dolor de la América negra

El movimiento negro que había liderado Martin Luther King, el apóstol de la no violencia, le rendía tributo con oleadas de violencia, con la ira de un pueblo que lloraba por el asesinato de uno de sus principales líderes. Era toda una paradoja. Esta ira no sólo se manifestaba a través de las acciones violentas, sino también se hacía patente en las declaraciones de Stokely Carmichael ante la prensa:

—Era el único hombre de nuestra raza que trataba de inculcar a nuestra gente que tuviera amor, compasión y perdón para los hombres blancos. Cuando la comunidad blanca norteamericana asesinó al doctor King la otra noche, nos declaró la guerra. No vamos a llorarle ni a rendirle homenajes... Vamos a vengar la muerte de nuestro dirigente. El ajusticiamiento por esa muerte no se producirá en los tribunales, se producirá en las calles de Estados Unidos de América.

—Pero, señor Carmichael, sabe usted que al doctor King no le hubiera gustado una reacción violenta como ésta —dijo un periodista—. Él defendió la no violencia hasta la muerte.

—Mire, la América blanca ha matado al doctor King, lo que supone una declaración de guerra contra la América negra... —contestó el líder del Poder Negro—. La gente de nuestra raza tiene que sobrevivir, y la única forma de hacerlo es consiguiendo armas.

La respuesta del presidente Johnson fue proclamar un «estado de violencia y desorden» y llamar a la Guardia Nacional. El resultado de esos tres días de desórdenes fue de treinta muertos en todo el país, dos mil seiscientos heridos y veintiún mil detenidos, además de todo tipo de destrozos materiales.

Antes de que se apagaran las últimas llamas de los incendios que sucedieron a la muerte de Martin Luther King, comenzaron a aparecer rumores sobre conspiración en el asesinato. Esos rumores se agrandaron ante la incapacidad manifiesta del Federal Bureau of Investigation (FBI) para capturar al presunto asesino, a quien se había logrado identificar desde un comienzo. Así lo expuso J. Edgar Hoover, director del FBI, ante la prensa:

—¿Han logrado identificar ya a ese tal John Willard, señor Hoover? —preguntó una periodista en la rueda de prensa que el director del FBI convocó para hablar sobre sus avances en la investigación del asesinato de Luther King.

—En un principio creíamos que John Willard era un tal Eric Starvo Galt, pero descubrimos que éste era tan sólo un seudónimo utilizado por el autor del crimen para desorientar a la policía —contestó Hoover—. Su verdadero nombre es James Earl Ray.

—¿Cómo lo han descubierto? —inquirió otro periodista.

—Encontramos el fusil que empleó el asesino en el lugar del crimen. Era un Remington de calibre 30 con mira telescópica. Las huellas dactilares de Ray estaban en el arma.

—¿Saben cómo consiguió el fusil?

—Sí, la señora Oriana Falaci[24], que llegó a Memphis dos días después del asesinato para reconstruir los hechos, descubrió que cuarenta y ocho horas antes, habían robado un fusil en Walnut Grove Road, en una tienda de artículos deportivos.

—¿Sabía eso la policía?

—Sí, pero no lo relacionó con la muerte de King —respondió Hoover.

—Pero, señor Hoover, ¿no es cierto que si alguno de los agentes que rodeaban el motel hubiera elevado la vista por encima de los árboles, no hubiera tenido que esforzarse mucho para ver el fusil apoyado en la ventana? —planteó una periodista.

—Bueno, no sé —contestó nervioso Hoover—. Yo no estaba allí.

—Corren rumores sobre una conspiración en el asesinato de King, ¿qué opina de ellos?

—Señores, como comprenderán, nuestras investigaciones no pueden basarse en rumores, sino en hechos —replicó Hoover.

Trece días más tarde, en los informativos de todos los canales de televisión se mostraba la identidad del asesino de King.

—Según las investigaciones del FBI, James Earl Ray, el presunto asesino de Martin Luther King —decía el presentador del telediario de la CBS— es un fugitivo de la prisión de Misuri, condenado a varios años de cárcel por delitos de

---

24. Famosa periodista italiana que adquirió un gran prestigio internacional por sus reportajes y entrevistas.

atraco a mano armada, falsificación de cheques bancarios y robo de automóviles. Ray se había escapado de la prisión en abril de 1967 y se había instalado en Los Ángeles. En los meses anteriores al asesinato de King, había ido a México, Nueva Orleans y Birmingham.

El FBI continuó con sus investigaciones. Interrogó a todas aquellas personas que podían haber tenido relación con Ray, como su compañero de celda.

—Ray mencionó varias veces que había conocido a alguien que le había ofrecido cien mil dólares por matar al doctor King —dijo el compañero de prisión de Ray al FBI.

—¿Y no comentó en ninguna ocasión el nombre de aquella persona? —preguntó el agente del FBI.

—No —contestó el presidiario—, o si lo hizo no lo recuerdo.

—¿Le importaría hacer memoria? —dijo con un tono algo amenazante el detective del FBI.

—Bueno, creo recordar que habló de unos tipos de Misuri —contestó el compañero de celda de James Earl Ray.

En las audiencias que llevó a cabo la Comisión de Asesinatos de la Cámara de Representantes se hicieron una serie de declaraciones sobre un grupo de hombres de negocios de Misuri que habían hecho tal proposición: un tal Russell G. Byers, vendedor de automóviles en San Luis, cuyo cuñado había compartido celda con el presunto asesino James Earl Ray.

Dos meses después de aquel fatídico día en Memphis, el FBI arrestó a Ray. El anuncio coincidió con los funerales del también asesinado Robert Kennedy. En aquel momento la población estaba ávida de noticias.

—Hoy, 8 de junio de 1968, día en que se celebra el funeral del senador Robert Kennedy, hemos recibido la noticia del arresto del asesino de Martin Luther King —decía la presentadora del telediario de la NBC—. El FBI lo detuvo en Londres, a donde huyó desde Canadá, pasando por Lisboa y Bruselas. James Earl Ray ha pasado a disposición judicial hasta su posterior juicio.

En los tribunales Ray se declaró culpable, pero el problema era saber qué había motivado aquella acción.

—Señor Ray, ha confesado usted ante el jurado ser culpable del asesinato del doctor King —decía el fiscal—, pero no nos ha dicho el motivo de tal actuación.

—Odio a esos negros alborotadores —contestó Ray.

—Conocemos sus ideas en relación con la población negra —dijo el fiscal—, pero nos gustaría saber si hubo otra motivación para cometer este asesinato aparte de su animadversión hacia el señor King.

—No —contestó tajantemente Ray.

—¿Quiere decir que no hubo ninguna motivación económica? —preguntó el fiscal.

—No.

—Entonces me gustaría saber, señor Earl, cómo después de haberse escapado de la cárcel, de ser un fugitivo de la justicia, pudo disfrutar de una vida tan lujosa y hacer tantos viajes inmediatamente después del asesinato del doctor King —expuso el abogado de la acusación.

—Tenía dinero ahorrado —contestó Ray.

—Tenía dinero ahorrado. ¿Ustedes han oído eso, señores del jurado? ¿Quién va a creerse que un ex presidiario como el señor Ray iba a disponer de tanto dinero «ahorrado»?

—Protesto, señoría: el fiscal está poniendo en ridículo la respuesta de mi defendido para que el jurado no la crea.

—Se admite —dijo el juez.

—Bien, lo formularé de otro modo. ¿No tiene más sentido que el acusado recibiera ese dinero de alguien que quería acabar con la vida de King y estuviera dispuesto a pagar por ello? ¿No tiene más sentido que el señor King fuera víctima de la conspiración de unos hombres a quienes él estorbaba, más que de la acción de un hombre como el señor Ray?[25].

Pero estas preguntas jamás tuvieron respuesta. James Earl Ray fue condenado a noventa y nueve años de prisión. Nueve años más tarde, en 1977, Ray, llevado ante la Comisión de Asesinatos de la Cámara de Representantes, declaró que él no había disparado el rifle, sino que fueron otras manos las que lo hicieron y las que le proporcionaron el dinero y el arma. Pero no se consiguió esclarecer más el caso.

Ese mismo año, todos los periódicos y canales de televisión dieron la noticia de la huida de prisión de Ray. Durante cincuenta y dos horas, aquellos que no perdonaban a Ray el asesinato de Martin Luther King siguieron las noticias que ofrecía la radio. Sólo se tranquilizaron al oír estas palabras:

—James Earl Ray, el asesino del doctor King, que se escapó hace más de dos días de la cárcel en la que estaba recluido, ha sido arrestado esta misma mañana.

---

25. Extraído del libro *Martin Luther King, el justo*, de Hubert Gerbeau. Editorial Sociedad de Educación Atenas. Madrid, 1979.

Esto puso de manifiesto el hecho de que hubiera personas interesadas en comprar su silencio. Las dudas cada vez eran mayores, pero los interrogantes no se han llegado a resolver. El 5 de abril de 1998, treinta años después del asesinato de Martin Luther King, el presidente Bill Clinton pidió a la fiscal general, Janet Reno, que escuchara las reclamaciones de la viuda y los cuatro hijos de King y estudiara la posibilidad de abrir una nueva investigación sobre el asesinato del líder negro. La familia King estaba convencida de que organismos de seguridad del Gobierno del entonces presidente Johnson participaron en una conspiración para asesinar al Premio Nobel de la Paz. Según Coretta King, la familia estaba al corriente de la existencia de testigos y documentos que señalaban que el FBI y la CIA habían llegado a la conclusión de que James Earl Ray, el francotirador condenado por el asesinato, era sólo un chivo expiatorio.

A partir de las lagunas existentes en la versión oficial del asesinato, la muerte de King, como la de los hermanos John y Robert Kennedy, alimentó toda suerte de teorías conspirativas. Pero, conspiración o no, el líder de los derechos civiles había muerto. Cuatro días después del asesinato, los dirigentes del movimiento negro convocaron una marcha silenciosa en la ciudad de Memphis que encabezó Coretta King. Ésta, después de los cánticos espirituales que entonó Harry Belafonte, se dirigió a las cuarenta y dos mil personas que se habían congregado para rendir homenaje a Martin Luther King:

—Estos días han sido muy dolorosos para todos nosotros —comenzó diciendo Coretta—, pero todos sabemos que a Martin no le gustaría vernos tristes y menos aún manifestar nuestro dolor en forma de violencia. Si él estuviera aquí seguro que os diría «Venceremos», así que no os rindáis. Nuestra lucha sigue en pie.

Después de varios minutos de aplausos y vítores, Coretta King, con los ojos llenos de lágrimas, continuó su discurso:

—Quiero pedir a toda la nación que acepte la amarga experiencia de la muerte de mi esposo, de Martin, como el preludio de un cambio en nuestros espíritus. Martin no ha muerto. Como él mismo dijo, ¡por fin ha conseguido la libertad![26].

Dos días después de estas palabras se celebró el funeral en la ciudad de Atlanta. El ataúd del líder fue colocado en un sencillo carro de labranza arrastrado por dos mulos, como símbolo de la identificación de Luther King con los pobres y oprimidos. Además de los asistentes al entierro, ciento veinte millones de americanos presenciaron por televisión el funeral. El momento más emotivo de la ceremonia fue cuando volvió a hablar la señora King:

—Quiero pedir a los aquí presentes que escuchen las palabras del último sermón de Martin en la iglesia de Memphis.

Esta petición de Coretta King resultó inesperada para todos, pero no hubo ninguno que no se emocionara al escuchar las palabras que brotaban por los altavoces.

—Si alguien de vosotros se encuentra presente en el momento de mi último viaje, quiero que sepáis que no deseo

---

26. Extraído del libro *Mi vida con Martin Luther King*, escrito por Coretta Scott King. Ed. Plaza-Janés, 1970.

un gran funeral. Tampoco quiero que se mencione que obtuve el Premio Nobel. Eso es lo de menos. Lo único que quiero que se diga es que Martin Luther King intentó amar a alguien. Que intentó dar de comer a los hambrientos; intentó durante su vida dar vestido a aquellos que estaban desnudos. Y que intentó dar su vida sirviendo a otros...

Y así será recordado año tras año, década tras década, el apóstol de la paz. Martin Luther King se ha convertido en un mito, en un ejemplo para millones de personas. Dio su vida por un sueño, el de la libertad y la igualdad entre los seres humanos, y murió por defenderlo.

Cronología

1929   Martin Luther King nace el 15 de enero en Atlanta, Georgia.

Quiebra la bolsa de Nueva York y el número de parados en EE. UU. asciende a tres millones.

Creación del Estado Vaticano.

1930   Se inicia la campaña de «desobediencia civil» de Gandhi en la India.

Primo de Rivera abandona el poder en España.

Se realiza el primer vuelo sin escala París-Nueva York.

1931   Se proclama la II República en España.

Japón invade Manchuria.

1932   Se celebran los Juegos Olímpicos de Los Ángeles.

William Faulkner publica *Luz de agosto*.

Se lleva a cabo el levantamiento militar de Sanjurjo, en Sevilla.

Aldous Huxley publica *Un mundo feliz*.

1933   Se deroga en EE. UU. la llamada «ley seca» que prohibía la venta de alcohol.

Franklin Delano Roosevelt es elegido presidente de los EE. UU.

El número de desempleados en EE. UU. asciende a más de diecisiete millones.

Hitler forma gobierno en Alemania.

1936   Comienza la guerra civil en España.

Jesse Owens bate el récord mundial de los cien metros en la Olimpiada de Berlín.

1939   Termina la guerra civil en España. Empieza la segunda guerra mundial.

Se proyecta por primera vez *Blancanieves y los siete enanitos*, de Walt Disney.

Empieza el pontificado de Pío XII.

1941   Roosevelt y Churchill firman la Carta del Atlántico.

La aviación japonesa ataca la flota estadounidense en Pearl Harbour.

El Congreso de EE. UU. declara la guerra a Japón.

Alemania ataca a la URSS.

Se crea la Red Nacional de Ferrocarriles Españoles (Renfe).

Se realizan las primeras emisiones de televisión comercial en EE. UU.

1942   Se produce la declaración de la Organización de las Naciones Unidas (ONU) contra el nazismo.

1943   Roosevelt, Churchill y Stalin se reúnen en Teherán.

Mussolini pierde el poder en Italia.

1944   Martin Luther King ingresa en el Atlanta Morehouse College.

Angela Davis nace en Birmingham.

Roosevelt es reelegido presidente de EE. UU.

Italia declara la guerra a Alemania.

1945	Roosevelt muere repentinamente y le sucede en el cargo el vicepresidente Harry S. Truman.
	EE. UU. lanza la bomba atómica sobre Hiroshima y Nagasaki.
	Termina la segunda guerra mundial.
1948	King ingresa en el Seminario Teológico de Crozer.
	Mahatma Gandhi es asesinado.
	Se proclama el Estado de Israel.
1949	Se crea la Organización del Tratado del Atlántico Norte (OTAN).
1950	Comienza la guerra de Corea.
	Se funda el Consejo Mundial de la Paz.
1951	EE. UU. firma en San Francisco (California) el tratado de paz con Japón.
	Se emite por primera vez un programa de televisión en color.
1952	Malcolm X sale de la cárcel y funda la «Unidad afronorteamericana».
	Eisenhower es elegido presidente de EE. UU.
	Hemingway publica *El viejo y el mar*.
	Isabel II es proclamada reina de Inglaterra.
1953	King contrae matrimonio con Coretta Scott.
	Muere Stalin.
1954	King es nombrado pastor en una iglesia de Montgomery, en Alabama.
	Una sentencia del Tribunal Supremo de EE. UU. declara ilegal la segregación escolar.
1955	Nace Yoki, la primera hija de Luther King.

Rosa Parks es arrestada por negarse a ceder su asiento en el autobús a un blanco.

Se inicia el boicot a los autobuses.

España ingresa en la ONU.

Se crea el Pacto de Varsovia.

1956 El Ku Klux Klan pone una bomba en la casa de King.

Las tropas soviéticas invaden Hungría.

Juan Ramón Jiménez es galardonado con el Premio Nobel de Literatura.

1957 King funda la Conferencia de Líderes Cristianos del Sur y organiza la Marcha de la Libertad.

King es recibido por el papa Pío XII.

Eisenhower es reelegido presidente de EE. UU.

1958 King publica *Los viajeros de la libertad* y *La fuerza de amar*.

King es herido por arma blanca.

Es elegido papa Juan XXIII.

1959 Un juez del Estado de Virginia condena a un año de cárcel a una pareja por contraer matrimonio interracial.

Eisenhower visita España.

Fidel Castro y sus tropas revolucionarias entran en La Habana.

1960 John F. Kennedy es elegido presidente de EE. UU.

Comienza la guerra de Vietnam.

1961 Se inician los «viajes de la libertad» para promover la igualdad racial.

Fuerzas anticastristas invaden la bahía de Cochinos, en Cuba.

1963   King es detenido durante una manifestación en Birmingham.

Se celebra la marcha sobre Washington que reúne a más de doscientos cincuenta mil manifestantes de raza negra y blanca. King pronuncia su famoso discurso «Ayer tuve un sueño...».

Kennedy es asesinado en Dallas.

Es elegido papa Pablo VI.

1964   El presidente Johnson presenta a la Cámara de Representantes de EE. UU. el proyecto sobre los derechos civiles.

Se suceden graves revueltas en los guetos neoyorquinos y el Ku Klux Klan incrementa su actividad en Georgia y Florida.

Luther King recibe el Premio Nobel de la Paz.

1965   Malcolm X es asesinado.

King acude a Los Ángeles, donde ha estallado un gran brote de violencia.

Se celebra la marcha sobre Selma, en Alabama.

1966   Se funda el Comité Estudiantil Coordinador de la No Violencia.

Se crean los *Black Panthers* (Panteras Negras), el movimiento radical a favor de los derechos de los afroamericanos.

1967   King condena los sucesos violentos de Nueva York y Detroit.

Grandes manifestaciones contra la guerra de Vietnam en Nueva York y en San Francisco.

Estalla la guerra de los Seis Días» entre árabes e israelíes.

1968   Se inicia la huelga de barrenderos negros en Memphis. El 3 de abril, King llega a esta ciudad para ponerse al frente de una marcha de apoyo a los huelguistas. Al día siguiente, 4 de abril, es asesinado en el balcón de una habitación del motel donde se encontraba.

Vietnam del Norte acepta negociar con EE. UU. Se produce el levantamiento estudiantil de mayo en París.

Índice

Colección biografía joven